DON BOSCO
VERLAG

Peter Dyckhoff

einfach beten

Don Bosco

Peter Dyckhoff, geboren 1937, Studium der Psychologie,
Geschäftsführer eines mittelständischen Industriebetriebes,
1977: Studium der Theologie, Priester, Wallfahrtsseelsorger
in Kevelaer, Gemeindepfarrer, langjähriger Leiter eines
bischöflichen Bildungshauses im Bistum Hildesheim.
Kurse und Publikationen zur christlichen Gebets-
und Meditationspraxis.
Peter Dyckhoff, Schölling 37, 48308 Senden.

Die Deutsche Bibliothek – CIP-Einheitsaufnahme

Ein Titeldatensatz für diese Publikation
ist bei Der Deutschen Bibliothek erhältlich.

1. Auflage 2001 / ISBN 3-7698-1287-5
© 2001 Don Bosco Verlag, München
Umschlag: Margret Russer
Umschlagmotiv: Hl. Apollinaris aus dem Apsis-Mosaik
in San Apollinare in Classe, Ravenna (um 535-549)
Gesamtherstellung: Don Bosco Grafischer Betrieb, Ensdorf

Inhalt

Inhalt

Inhalt

Hinführung

Was hätte ich in früherer Zeit darum gegeben, das einfache Beten anwenden zu dürfen, wie es in diesem Buch beschrieben wird ...

Mit dem Beten habe ich mich schwer getan. Es geschah zu wenig mit dem Herzen. Besonders hilflos fühlte ich mich in den Situationen, in denen ich ganz allein auf mich gestellt war: bei Klassenarbeiten und Prüfungen, in schwerer Krankheit, bei Liebeskummer und aufkommender Eifersucht, bei dem frühen Unfalltod meines Vaters, bei einem radikalen Berufswechsel, während schmerzhafter Untersuchungen und Therapien, in langen Wartezeiten, in Zeiten der Ungewissheit und Unsicherheit und in vielen anderen Grenzsituationen.

Als ich 1971 von meinem geistlichen Lehrer erfuhr, wie einfach und gleichzeitig wirkungsvoll Beten sein kann, wandelte sich nicht nur meine Gebetspraxis, sondern mein ganzes Leben.
Als Priester, Gemeindepfarrer, Krankenhaus- und Wallfahrtsseelsorger wurde ich später immer wieder mit Problemen konfrontiert, die Menschen mit dem Beten haben. In persönlichen Gesprächen, in Diskus-

sionsrunden, während der Beichte, bei Kursen in Frauen- und Männerklöstern sowie in der Erwachsenenbildung, in Altenheimen und auch in der Sterbebegleitung wurde mir immer mehr bewusst, wie notwendig, hilfreich und manchmal sogar entkrampfend ein einfaches Gebet sein kann. Das anstrengende Suchen nach passenden Worten war oft nur hinderlich.

Mit dem Ruhegebet nach *Johannes Cassian* (4. Jahrhundert) durfte ich vielen Menschen den Weg zu einem einfachen und mühelosen Gebet zeigen und sie ein Stück auf diesem Weg begleiten. Die Freude, die sich den ernsthaft Suchenden schenkte, durfte ich oft mit ihnen teilen.

Das einfache Gebet der Ruhe führt den Betenden über seine Vorstellungswelt und über sich selbst hinaus und vermittelt ihm die Erfahrung eines immer tiefer werdenden Schweigens in Gott sowie ein aktives Glücklichsein im Bestehen der vielgestaltigen Welt.

Das Kosmische Gebet, das *Origenes* (3. Jahrhundert) beschreibt, gibt nicht nur weiterführende Antworten auf tiefgreifende Fragen, sondern lässt den Betenden erfahren, dass er als Teil der gesamten Schöpfung mit allem in Verbindung steht.

Zu der nach außen und zum Du des anderen gerichteten kosmischen Dimension des Gebetes kommt die mystische Dimension, die von *Dionysius* (5. Jahrhundert) in wunderbarer Weise versteh- und anwendbar gemacht wurde.

Die neu erschlossenen und nutzbar gemachten Gebetslehren der frühen Kirchenväter *Johannes Cassian, Origenes und Dionysius* werden in diesem Buch vorgestellt. Ihr tiefstes Anliegen war es, dass die Betenden in allem und durch alles in ihrem Leben eine Begegnung mit dem Schöpfer erfahren, dem Urgrund allen Seins, mit Gott, der die Liebe ist.

„Einfach Beten" beschreibt einen christlichen Weg, auf dem die Seele schneller und leichter zu Gott zurückfinden kann. Gleichzeitig beginnt die Seele sich in dieser Welt und Zeit im Einklang mit dem Körper wohler zu fühlen und sich besser zu bewähren. Der Weg zu diesen Erfahrungen führt über ein zeitweiliges Versenken, in der jede Wahrnehmung durch die Sinne aufhört und das Denken ohne Aktivität ist. Es findet eine Bewegung zu Gott statt, in der der Mensch sich selbst findet.

Der Prozess tiefer Ruhe für Körper, Geist und Seele führt zur Reinigung des Herzens. Diese Reinheit des Herzens wird durch die Gebetsübungen zu einem andauernden Zustand, der einen entscheidenden Wendepunkt auf dem geistlichen Weg des Christen darstellt. Wenn im Gebet der Hingabe alle Gedanken aufgegeben und alles losgelassen wird, was um die Existenz wissen lässt, dann steht der Betende in absoluter Einfachheit vor Gott (*Cassian*).

Die enge Beziehung zwischen Kosmos und Seele hat eine außerordentliche Bedeutung, denn der Mensch ist das entscheidende, sinngebende Element des Kosmos. Da der Kosmos sich in kontinuierlicher zielgerichteter Bewegung befindet und der Mensch ein Teil dieses Kosmos ist, führt das rechte Gebet unweigerlich zu einem „Kosmischen" Gebet (*Origenes*). Tägliches Leben, selbst unter schweren Belastungen, wird lebenswerter und heiterer, wenn es von innerer Ruhe getragen ist. Die Liebe zu uns selbst, zu anderen Menschen, zu den Tieren und der gesamten Schöpfung wächst in einer solchen Weise, dass Verfehlungen, negative Eingriffe oder gar Zerstörungen unmöglich werden.

Die letzte Wahrheit kann nicht durch Denken, Worte oder Bücher vermittelt werden. Die letzte Wahrheit ist nur durch intensiven Umgang mit dem Leben und dem Gehen der entsprechenden geistigen Wege zu erreichen. Beides bedingt einander. Selbst wenn die gute Erfahrung, die wir im Gebet machen, noch nicht bleibend und andauernd ist, so dürfen wir doch – wenn auch vorerst nur in Lichtblicken – die allem zugrunde liegende göttliche Dimension, die Liebe ist, wahrnehmen.

Durch Ausdauer und Beständigkeit im Beten wird ganz allmählich dieser befreiende, erhebende und glückliche Zustand der Seele ein bleibender – auch außerhalb der Zeit des Gebetes. Wir dürfen sicher sein, dass wir nicht der Welt entrückt werden, sondern durch die Einübung die Fähigkeit erhalten, voll in dieser Welt zu stehen und aus dem Glauben heraus zu handeln.

Dieser Weg in die Innerlichkeit kann nur erfolgreich zum Ziel führen, wenn er immer wieder abgelöst wird von kreativer Aktivität. *Dionysius* zeigt in seinem „Mystischen" Gebet die Notwendigkeit beider Wege auf.

Die Gebetsweisen kommen der Sehnsucht nach Ganzheit entgegen, nach Integration von Geist, Seele und Körper, nach Erkenntnis und Bewältigung des dunklen Schattens im Menschen. Der Betende wird frei von unnötigem Ballast, durchlässig für den Geist Christi, so dass er seinen eigenen Weg erkennen, gehen und bejahen kann. „Einfach Beten" ist eine Chance für alle, die über die Begrenztheit und Routine im Alltag hinauswollen, um aus der lebensspendenden, wirklichen Kraftquelle zu schöpfen.

Damit die unabänderlich zu gehende Wegstrecke, die neben all der Schönheit der Schöpfung nicht selten auch Leid, Hindernisse und Irritationen offenbart, leichter zu überblicken und zu gehen ist, bietet dieses

Buch existenzielle Hilfen an. Es enthält viele praktische Ratschläge, Empfehlungen und Weisungen für
das persönliche Gebet. Diese wollen nicht nur gele-
sen, sondern das Gesagte sollte auch praktisch im dar-
gelegten Sinn eingeübt werden.

„Einfach Beten" möchte die Notwendigkeit des Betens
und den großen Nutzen für den, der in rechter Weise
betet, bewusst machen. Das Gebet nimmt den ganzen
Menschen innerlich in Anspruch. Leben und Gebet
gehören zusammen. Dass der Mensch überhaupt zu
einem wirksamen Gebet fähig ist, verdankt er dem
gnadenhaften Charakter seiner Gott-Ebenbildlichkeit.
Zu den notwendigen Gebetsvorbereitungen gehören
größtmögliche Aufrichtigkeit, Lebenswahrhaftigkeit
und die Aussöhnung mit anderen.

„Einfach Beten" ist keine wissenschaftliche Überset-
zung. In einer einfachen und heute verständlichen
Sprache wird das kostbare Gedankengut aus der frü-
hen Kirche übermittelt – vornehmlich die praktischen
Anweisungen zum Gebet.
Mögen diese für Sie ebenso hilfreich sein wie für mich.

Erstes Buch
Das Ruhegebet

Das Ruhegebet ist von so zentraler Bedeutung, dass wir uns mit dieser Art des Betens intensiv und mit ganzem Herzen befassen wollen.

Meditieren muss nicht Beten sein. Es gibt Meditationsweisen, die keine religiösen Inhalte besitzen, sondern lediglich eine Entspannung von Körper und Geist zum Ziel haben. Das cassianische Ruhegebet jedoch ist eine christliche Gebetsweise, die die Anrufung Gottes zum Inhalt hat. Durch die religiöse Dimension erfährt der Betende nicht nur Entspannung für Körper und Geist, sondern auch Erfüllung im Glauben und somit eine seelische Entwicklung.

Lebensaktivität durch Ruhe

Ziel eines durch das Ruhegebet auf Gott ausgerichteten Lebens und Zeichen für die Vollendung des Herzens ist die beständige und ununterbrochene Verbindung mit dem Urgrund Liebe.

Durch den geistlichen Schulungsweg erfährt der Übende innerhalb seiner menschlichen Begrenzungen mehr und mehr eine unbewegliche Ruhe des Geistes und gleichzeitig eine Reinigung des Nervensystems und Bewusstseins. Deshalb beziehen wir in die Übungen auch den Körper mit ein, während der aktive Geist es lernen muss, weniger aktiv zu sein. Zwischen beiden besteht eine untrennbare und wechselseitige Verbindung. So trägt auch jegliches lebensunterstützende Tun zur Vollkommenheit des Gebetes bei.

Durch den mit dem Ruhegebet verbundenen Reinigungsweg werden alte unverarbeitete Eindrücke gelöst, Abfälle und tote Trümmer der Gefühle eliminiert, auf dass mehr und mehr der lebendige und feste Boden unseres Herzens wie ein Felsengrund zum tragfähigen Lebensfundament wird.

Wie ein reines und aufrichtiges Gebet bereitet wird

Im und durch das Gebet erfahren wir eine tiefere Ruhe und

- werden frei von allem, was unsere Aufmerksamkeit ungut fesselt;
- Sorgen um private oder berufliche Anliegen wie auch nur die Gedanken daran nehmen ab;
- alles dumme und unnötige Geschwätz, vornehmlich alles Gerede über andere, hört auf;
- Verwirrung durch Traurigkeit lässt die Seele nicht mehr zu;

16

- alle Sucht nach Befriedigung unserer rein egoistischen Bedürfnisse wird von der Wurzel her ausgelöscht.

Solche und ähnliche unguten Eigenschaften werden allmählich aus unserem Herzen ausgestoßen, was zu einer größeren Reinheit des Herzens führt. Gleichzeitig wird dadurch das unerschütterliche Fundament einer Persönlichkeit gelegt, das einen immer höher werdenden Turm zu tragen vermag.

Was unseren Geist vor dem Ruhegebet beeindruckt, steigt in ihm wieder hoch, wenn er betet. Wir müssen also in etwa die Verfassung, in der wir uns beim Beten befinden wollen, schon vor der Gebetszeit bereiten. Denn das Gebet wird von dem inneren Zustand, in dem wir uns vor dem Beten befanden, mit geprägt. Und wenn wir uns dann zum Ruhegebet hinsetzen, wird vieles, was wir früher gefühlt, geredet, getan oder unterlassen haben, in uns lebendig und hält uns vorübergehend gefangen. Entsprechend vergangener Eindrücke können wir dann Unbehagen fühlen, deprimiert sein, oder nicht verwirklichte Anliegen und nicht erfüllte Wünsche werden wieder erweckt.

Das Ruhegebet verbessert in jedem Fall den Zustand, den wir mit in das Gebet bringen. Bei Unabänderlichem oder in einer bedrängenden Situation, unter

Druck und in Leid dürfen wir uns immer der helfen-
den Liebe Gottes sicher sein; besonders aber auch
durch unsere Hingabebereitschaft im Gebet.

Können wir es aus freier Entscheidung einrichten, so
ist es ratsam, die Zeit vor der Meditation frei zu halten
von aller Hektik und Anspannung, um dadurch eine
günstigere Voraussetzung zu schaffen, in die Ruhe zu
kommen. Es ist empfehlenswert, das Ruhegebet durch
leichte körperliche Entspannungs- und Atemübungen
einzuleiten.

Von der Beweglichkeit der Seele

Man kann unsere Seele mit feinem Flaum oder einer leichten Feder vergleichen. Sofern sie nicht
von außen durch Feuchtigkeit verklebt oder von
Nässe beschwert ist, steigt sie beim geringsten Luft-
hauch durch die ihr eigene Leichtigkeit und Beweg-
lichkeit des Wesens in größere Höhen auf. Wenn sie
dagegen, von Wasser benetzt, ihre Leichtigkeit verloren hat, wird sie nicht mehr, wie es ihr von Natur aus
eigen wäre, von der Luft nach oben getragen, sondern
vielmehr durch das Gewicht zur Erde herabgedrückt.
So ist es auch mit unserer Seele. Wenn sie nicht belastet oder beschwert ist durch materielle Verstrickun-
gen oder triebhaftes Verhalten, wird sie auf Grund ihrer Wesensreinheit durch den leichtesten Meditati-

onsimpuls emporgezogen. Von aller Erdenschwere befreit, öffnen sich die Grenzen zu einer anderen Dimension der Wirklichkeit.

Durch das Ruhegebet ver-lassen wir uns nicht auf ein grenzenloses Nichts, sondern es ist ein Sich-ver-lassen auf Jesus Christus. Aus dieser Hingabe schöpfen wir neue Energie, Mut und auch die Freude, unseren Lebensauftrag neu durch ihn und mit ihm und in ihm zu erfüllen. Dieses Gebet der Hingabe muss langsam eingeübt werden und dem Lebensrhythmus angemessen sein. Im Hinblick auf die vielfältigen Aufgaben und Aktivitäten wird dringend empfohlen, nicht länger als zwanzig bis dreißig Minuten - jeweils morgens und abends - zu meditieren. Wenn jemand willkürlich und nach Gutdünken meditiert, läuft er auf Grund der Intensität dieses Gebetes größte Gefahr, desinteressiert zu sein und nicht mehr „nach Hause" zurückzufinden. Um diese Gefährdung von vornherein auszuschließen, bedarf der Anfänger eines persönlichen Begleiters.

Hindernisse auf dem Weg

Auch diejenigen, die bereits diesen geistigen Weg gehen, können auf Grund von Macht- und Besitzstreben in weltverstrickende Sorgen geraten. Eine alte Regel besagt, dass zu hoch gesteckte materielle Ziele, die nur durch ein übermäßiges, nahezu krankhaftes Engagement erreicht werden können, neue Unruhe schaffen und wiederum in noch größere Abhängigkeiten führen.

Zum Beispiel: Wenn wir aus Profilsucht und reinem Geltungsdrang uns übermäßig für einen aufwendigen Lebensstil abrackern, leisten wir der Kraft Vorschub, die die echten Werte zerstört und somit die geistige Entwicklung blockiert.

Von der Gefahr ruheloser Arbeit

Es sind die unheilvollen Gegenkräfte, die den Grundstein legen für eine in dieser Weise gestörte Persönlichkeit.

Ein Beispiel: Ein erfahrener und weitblickender Mitarbeiter beobachtete längere Zeit einen Kollegen und stellte bei ihm eine innere Zerrissenheit fest. Überstunden, Schwarzarbeit und Katzbuckeln den Vorgesetzten gegenüber: um seinen Besitz zu vergrößern, sich mehr leisten zu können als andere und um nach außen beruflich mehr zu gelten. Ganz deutlich sah der Beobachter aus der Distanz den Schatten einer Fremdmacht, die von seinem Kollegen so stark Besitz ergriffen hatte, dass dieser nicht mehr spürte, wie er total manipuliert wurde. Jedes scheinbare Erfolgserlebnis motivierte ihn zu einer neuen Überaktivität. So-

gar der Sehende staunte, mit welcher Reizkraft diese
trügerische Macht am Werk war. Selbst in Phasen großer Erschöpfung ließ sie den von blinder Arbeitswut
Getriebenen nicht zur Ruhe kommen, so dass er nicht
einmal die Gelegenheit hatte, über sein Verhalten und
seine Motive nachzudenken. Somit war es ihm
zwangsläufig unmöglich, das Beschämende dieser Lebensweise zu erkennen.

Um zu beweisen, dass Geltungssucht und Machtstreben vom Ursprung her keine menschlichen Eigenschaften sind, genügt es nicht, entsprechende Verhal-
tensweisen zu meiden; es genügt ebenfalls nicht, sich
zu enthalten, um nicht von anderen kritisiert oder gar
verachtet zu werden. Das bedeutet letztlich noch kein
Freisein. Das Leben an sich zielt auf ständiges Wachstum, was nicht mit Zwang verwechselt werden darf –
und damit gleichzeitig auf größere Verantwortung.
Ein gesunder Wettbewerb ist natürlich und notwendig. Im Ruhegebet „steigen" wir kurzfristig „aus", um
nachher mit neuer Energie und neuem Elan wieder in
unsere Verantwortung und den Wettbewerb kreativer
„einsteigen" zu können.

Der Meditationsweg verhilft dazu, dass das der Natur
des menschlichen Geistes Uneigene abgebaut wird
und das zur Verfügung stehende Potential sich lebens-
richtig entfalten kann. Tatsächlich beschweren oft
kleine und scheinbar unwichtige Dinge, von den meis-
ten gleichgültig hingenommen, in ihrer hemmenden

Eigenart die ganzheitliche Entwicklung des Menschen: nicht weniger als jene größeren, die zu gefährlichen Abhängigkeiten führen. Sie lassen dann die auf das Höchste gerichtete Spannkraft der Seele erschlaffen.

Wenn dagegen das Nervensystem von Belastungen und Verspannungen gereinigt und der Geist in der ihm eigenen tiefen Ruhe gegründet ist, so ist all sein Sinnen und Trachten auf Gott ausgerichtet. Sind Geist und Seele von oberflächlichem irdischen Verlangen befreit und in die geistige Dimension übergegangen, ist ausnahmslos alles, was Geist und Seele in sich aufnehmen, erwägen und veranlassen, zum reinen, aufrichtigen Gebet geworden.

- Anders beten die heiter Gestimmten als die von Traurigkeit oder Verzweiflung Beschwerten.
- Anders ist das Gebet aus dem Hochgefühl geistlichen Fortschritts als aus der drückenden Schwere persönlicher Auseinandersetzungen.
- Anders betet, wer Vergebung erhofft, als jene, die eine Gnade erbitten oder das Auslöschen einer quälenden Eigenschaft erflehen.
- Wer Angst vor der Zukunft hat, betet anders als jemand, der sich erstrebenswerte Ziele setzt.
- Ein Gebet aus Not und Gefahr ist von ganz anderer Art, als wenn man sich in Sicherheit und Ruhe befindet.

- Und anders betet, wem sich tiefere Zusammenhänge offenbaren, als jene, die in der Oberflächlichkeit verhaftet und ohne Mitgefühl sind.
- Wer ein gesundes Selbstbewusstsein entwickeln konnte, betet anders als der, der an sich zweifelt.

Im Ruhegebet
- übereignen wir uns mit ganzem Herzen dem Herrn und ver-lassen uns auf ihn,
- legen wir alle Relationen dieser Welt ab, indem wir nicht mehr in ihr aktiv sind,
- erfahren wir die Armut des Geistes, wenn wir weder an materiellen Gütern noch an Anerkennung festhalten,
- lassen wir übersteigertes sexuelles Verlangen zurück,
- werden wir frei von Ungeduld,
- geben wir alle Stimmungen ab wie Traurigkeit, Freude, Gereiztheit, Langeweile und Heiterkeit.

„Dein Wille geschehe wie im Himmel so auf Erden"

E s kann kein größeres Gebet geben als zu wünschen, das Irdische möge dem Himmlischen gleich werden. Drückt diese Bitte „Dein Wille geschehe wie im Himmel so auf Erden" nicht den

Wunsch aus, die begrenzte Seele möge sich ganz dem göttlichen Wesen öffnen? Wie der Wille Gottes in jenen Welten atmet und pulsiert, die uns Menschen noch verborgen sind, sollten auch wir auf dieser Erde in wachsendem Erkennen ausgerichtet sein, seinen Willen zu tun.

Die Grundhaltung der Betenden ist die von Empfangenden, die sich vertrauend und „willenlos" auf Gott verlassen. In der Verkündigung nimmt Maria in ihrer Antwort diese dritte Vaterunser-Bitte vorweg: *Ich bin die Magd des Herrn; mir geschehe wie du es gesagt hast.* Jesus lehrt uns nicht nur diese dritte Vaterunser-Bitte, sondern durchlebt und durchleidet sie am Ölberg: *Vater, wenn du willst, nimm diesen Kelch von mir! Aber nicht mein, sondern dein Wille geschehe.*

Die Hingabe des eigenen Willens an Gott üben wir im Ruhegebet ein, damit wir – gestärkt durch seine Gabe – mit neuer Willenskraft unsere Aufgaben wieder angehen können. Diese Hingabe ist der tiefe Gehalt des Ruhegebetes, aus dem wir gestärkt und motiviert für neue Aufgaben herauskommen, um unser Leben entscheidend zu leben.

So wird nur der aus der Tiefe des Herzens beten können, der hingebend vertraut, dass Gott alles für die Entwicklung des Menschen tut – mag es äußerlich als Glück oder Unglück erscheinen – und dass er um das Heil auch in dieser Zeit aufmerksamer besorgt ist als wir es selbst für uns sein können.

Lebenssituationen können zu einer tieferen geistlichen Dimension des Betens führen

Trotz größter Erfahrung ist es wohl niemandem möglich, ausreichend die verschiedenen Gründe und Entstehungsursachen zu nennen, durch die ein Mensch zu einem reinen und entgrenzenden Gebet gelangen kann. Beispiele von Lebenssituationen, die zu diesen tieferen Dimensionen führen können:

- Das Erkennen und Verinnerlichen von Wahrheiten aus den Heiligen Schriften befähigt zum Gebet.
- Eine besondere Musik kann unseren innersten Wesenskern derart berühren, dass er transzendiert.
- Die Ausstrahlung der positiven Lebenskräfte einer oder eines Betenden kann andere in Tiefenschichten ihres eigenen Bewusstseins führen.
- Auch die Begegnung mit einem hoch entwickelten Menschen oder ein geistliches, zu Herzen gehendes Gespräch lässt den Zustrom göttlicher Kraft spürbar werden und ermöglicht somit eine Hinführung zum entgrenzenden Gebet.
- Viele erleben, dass sie durch den Tod eines geliebten Menschen oder einen harten Schicksalsschlag in eine tiefere Dimension ihres Betens geführt werden.

● Wird uns die Grauzone unserer Mittelmäßigkeit durch eine besondere Gelegenheit einmal bewusst, kann dies Anlass zu erfüllterem Beten werden.

Ohne Zweifel schenkt uns Gott unzählige Gelegenheiten, durch die unser begrenztes Bewusstsein in Bewegung gebracht und auf ihn hin entgrenzt werden kann.

Verschiedene Auswirkungen des Ruhegebetes

Worin sich der Erfolg des Ruhegebetes äußert, ist nur schwer mit Worten zu beschreiben. Das sich zunächst einstellende Ergebnis des heilsamen Aufbruchs wird oftmals empfunden als unaussprechliche Freude und Heiterkeit des Geistes. Die überströmende Freude kann sich in befreiendem Lachen ausdrücken oder in einem so vorbehaltlosen Glücklichsein, dass das fröhlich und heiter gestimmte Herz auch andere ansteckt.

Manchmal zieht sich die Seele ganz still in tiefes, geheimnisvolles Schweigen zurück. Das Staunen über die plötzliche Erfahrung macht sprachlos. Das entgrenzte Bewusstsein lässt keine Aktivität zu. Die gesamte Sinneswahrnehmung ist nach innen gerichtet; der Geist bringt seine Sehnsucht unausgesprochen zu Gott.

Der oder die Betende kann jedoch auch ein Übermaß seelischer Schmerzen erfahren. Nicht selten löst sich die Spannung durch spontanes Ausbrechen in Tränen.

Die immer tiefer werdende Ruhe, die ganz von selbst auf eine Begegnung mit Gott fortschreitet, weckt in den Betenden unaussprechliche Freude – wenn diesem Strömen nichts im Wege steht. Sind allerdings Blockaden vorhanden durch Unverarbeitetes wie beispielsweise Misserfolge, Schuld, Enttäuschungen oder auch nicht verarbeitete Eindrücke, findet erst langsam ein Auflösungsprozess statt. Die Betenden werden die verschiedensten Rückerlebnisse – Gedanken, Bilder, Gefühle – haben, die in der Qualität und im Gefühlswert Ähnlichkeit haben können mit den Ursachen der Blockaden. Dieser Vorgang der Reinigung ist ein notwendiger wertvoller Schritt auf dem Weg des Menschen zu Gott.

Der Weg zum Ruhegebet

J esus gibt in der Bergpredigt eine konkrete Anweisung: *Du aber geh in deine Kammer, wenn du betest, und schließ die Tür zu; dann bete zu deinem Vater, der im Verborgenen ist. (Matthäus 6,6)*
In unserer „Kammer" beten wir, wenn wir unser Herz von aller Aktivität, allen Gedanken und Sorgen völlig

abwenden und uns in einer vertrauensvollen Ruhe Gott hingeben. Wir nehmen die Realitäten durchaus mit in die Stille des Betens, selbst wenn wir die Augen schließen. Ein Sportler wird vor einem Weitsprung zunächst ein Stück zurückgehen und sich sammeln, um dann mit einem kraftvollen Anlauf sein Ziel zu erreichen. Bei „geschlossener" Tür beten wir, wenn wir mit geschlossenen Lippen in tiefer Ruhe eine Verbindung zu ihm nicht mit der Stimme, sondern mit dem Herzen suchen. Im „Verborgenen" beten wir, wenn wir die bewusste Gedankenführung ausschalten und über die tiefe Innerlichkeit, dem Herzen, Kontakt allein mit Gott aufnehmen.

Folgen wir diesen Anweisungen, breitet sich eine große und innere Ruhe aus. Diese Ruhe wird zum Schutz gegen neue Störfaktoren, leitet eine Entgrenzung auf Gott hin ein und stabilisiert Geist und Körper.

Jeder kann das Ruhegebet praktizieren. Wer denken kann, kann auch meditieren. Sicherlich wird aber jemand, der nicht zu einer christlichen Religionsgemeinschaft gehört, eine andere Form wählen.

Aus der Gebetstheorie wird eine Gebetspraxis, die in Vorstellungen verhaftete Beterinnen und Beter erschüttern kann und einen konkret gangbaren Weg aufzeigt, der feste Erkenntnisse vermittelt und Glauben stärkt.

Die bildhafte Vorstellung Gottes muss aufgegeben werden

B ereits im Jahr 399 sandte *Theophilus*, Bischof von Alexandrien, Briefe an alle Kirchen Ägyptens, in denen er sich ausführlich zum vorherrschenden Gottesbild äußerte. Er bezeichnete die Ausprägung der Gottesvorstellung nach dem Bild des Menschen als Häresie. Der in dieser Vorstellungswelt verhaftete Abt *Serapion* hatte die menschlichen Strukturen und Begriffe auf Gott übertragen. Besonders der Abt *Paphnutius* hatte immer wieder versucht, Serapion davon zu überzeugen, dass kein Begriff einfach auf Gott hin übertragen werden kann, da durch die raumzeitliche Begrenzung der menschliche Begriff wesenhaft an Konkretes gebunden ist. Serapion war, trotz dieser vielen Bemühungen des Paphnutius, nicht gewillt, diese überlieferte und ihm anerzogene Lehre aufzugeben.

Photinus legte dar, dass das „Ebenbild und Gleichnis Gottes" von allen Kirchen nicht nach dem buchstäblichen Sinne, sondern geistig ausgelegt werde. Er erklärte, durch Zeugnisse der Heiligen Schrift werde deutlich, dass die unermessliche, unbegreifliche und unsichtbare Größe Gottes nicht durch etwas bestimmt werden könne, was mit menschlicher Gestalt und Ähnlichkeit umschrieben werden kann, was menschliche Augen erfassen sowie menschlicher

Geist denken und beurteilen kann, denn diese Größe Gottes sei von unkörperlicher und nicht zusammengesetzter einfacher Natur.

Von diesen vielen und unwiderlegbaren Aussagen des weisen Photinus wurde Serapion so stark ergriffen, dass sein Gottesbild ins Wanken geriet und er zum wahren Glauben nach der Überlieferung fand.

Im gemeinsamen Gebet wurde Serapion in eine entgrenzende, für ihn noch unbekannte Glaubensdimension geführt. Er fühlte das menschenförmige Bild Gottes, das er gewohnt war sich im Gebet vorzustellen, aus seinem Inneren schwinden und wie sich die enge Begrenzung seines Bewusstseins löste. Verwirrt und hilflos brach Serapion in bitteres Weinen aus, warf sich zu Boden und rief: „Weh mir Unglücklichen! Sie haben mir meinen Gott genommen, und nun habe ich keinen, an den ich mich halten kann, und weiß nicht, wen ich anbeten und bitten soll."

Hier wird auf die große Gefahr für jedes christliche Beten hingewiesen: Dass wir uns Gott passend zurechtschneidern, um ihn zu einem idealen Partner oder bequemen Idol zu machen. Damit weichen wir der Realität Gottes aus: seiner absoluten Transzendenz und seiner gleichzeitigen unmittelbaren liebenden Nähe durch seinen Geist, der in uns wohnt. Auf sehr schmerzhafte Weise wird Serapion zu diesem für ihn völlig neuen Gebetsverständnis geführt. Er lernt dabei, ganz in der Tiefe seiner Gefühle und Vorstellungen alles auf Gott hin loszulassen. Und genau das ist nicht mehr Theorie, sondern Praxis, die Serapion nun zu einem Gebet ohne bildliche Vorstellung führt. Im Gebet ist es immer Gott selbst, der aktiv ist und den ersten Schritt zu unserem Heil tut. Genau darin besteht das eigentliche Wesen des Ruhegebetes.

Kann es verwundern, dass Abt Serapion – dieser eine so klare Einfachheit ausstrahlende Mann – von Grund auf einem Fehler verfallen war, an den er sich, ohne es selbst zu merken, gewöhnt hatte, wenn er niemals ganz über das Wesen und die Natur Gottes belehrt wurde und auch keine entsprechende Einübung erfahren konnte? Durch die Bindung an eine bestimmte Vorstellung von Gott wurde er in seinem Entwicklungsprozess aufgehalten und irregeführt.

Dies erklärt jedoch noch nicht, wie man praktisch dieses Gebet durchführt und es umfassend versteht. Wie viele Menschen haben überhaupt keinen Zugang zu religiösen Dimensionen, da sie Gott von vornherein als unwirklich abtun oder lächerlich machen? Einmal ist es Angst, Gewohntes oder Eingeübtes zu verlieren, zum anderen werden zu wenig oder kaum gangbare Wege zur Entgrenzung der bisherigen Gottesvorstellung aufgezeigt – oder überhaupt Wege, die Zweiflern, Skeptikern und Atheisten eine lebendige Gotteserfahrung vermitteln und die ihnen die Präsenz Gottes im realen Leben deutlich machen könnten. Zu häufig wird bei der Vermittlung der christlichen Religion mehr Wert gelegt auf ein intellektuelles theologisches Verständnis als darauf, dass menschliche Grunderfahrung mit dem Wesen und der Liebe Gottes zusammengebracht werden. Hieraus resultiert ein Mangel an religiöser Erfahrung.

Religiöse Erfahrung selbst ist zwar in jedem Menschen existent – jedoch oft nicht bewusst, zu wenig kultiviert und nicht aufgearbeitet.

Aufstieg zum Berg der Gotteserfahrung

Wenn also im Gebet jegliches praktische Tun und alle Gedanken zurückgelassen werden und man mit ihm – um in einem Bild zu sprechen – emporsteigt und sich mit ihm zurückzieht auf den hohen Berg der Einsamkeit, dann wird seine Gottheit offenbar und mit ganz reinen Augen geschaut werden können. In diesem Bewusstseinszustand ist der oder die Betende ganz frei von jeglicher Gedankenbewegung; weltverstrickende Gedanken und Sorgen haben hier keinen Platz mehr, sinnenhafte Vorstellungen und Wünsche binden nicht mehr an ein geistloses Unten. Durch seine Beispiele bestätigt Jesus die Notwendigkeit, sich beim Beten zurückzuziehen. Als die ewig strömende Quelle aller Heiligkeit bedurfte Jesus bestimmt nicht der Zurückgezogenheit und der äußeren Einsamkeit, lebte er doch bereits in der Einheit mit dem Vater. Seine aufstrahlende Klarheit konnte nicht durch den Umgang mit Menschen getrübt werden, und nichts vermochte ihn zu berühren, was ihn negativ beeinflusst hätte – ihn, der alle Finsternis erhellt und heiligt. Und dennoch zog er sich auf einen Berg zurück, um in der Einsamkeit zu beten.

Durch das Beispiel seiner Abgeschiedenheit lehrte er uns die notwendige Voraussetzung für das wesentliche Gebet. Wenn wir aus ganzem Herzen und mit unserem ganzen Sein zu Gott beten wollen, dann sollten wir uns von aller Unruhe und jeglicher Aktivität zurückziehen. Das ist die Voraussetzung dafür, bereits in dieser Welt tiefere Erfahrungen mit Gott zu machen und wenigstens ansatzweise den Zustand der Seligkeit zu erleben, der für die Zukunft verheißen ist, dass dann *Gott alles in allem* ist *(1. Korintherbrief 15,28)*.

Es ist verständlich, dass für diesen Gebetsweg, der zum Einssein mit Gott führt, bestimmte grundlegende Anleitungen gegeben werden müssen. Sie bilden das Fundament für alle weiteren Entwicklungsstufen. Die Vermutung liegt nun nahe, zunächst einmal nach einer geistlichen Gebetsübung zu fragen, durch die sich der Betende auf Gott hin ausrichtet und durch die Gott innerlich gegenwärtig werden kann.

- Wie kann durch diese Übung das Bewusstsein des Menschen von der Gegenwart Gottes dauerhaft erfüllt bleiben?
- Gibt es so etwas wie eine Methode, die es erlaubt, Gott im Herzen und im Geist zu empfangen und zu bewahren?
- Wie kann man zu ihm zurückkehren, wenn man merkt, dass man im Gebet abgeglitten ist?
- Worin besteht eine einfache erneute Hinwendung zu Gott, ohne mit den Gedanken lange umherzuschweifen und anstrengend zu suchen?

Bekanntlich kommt es immer wieder vor, dass uns beim Beten eine Zerstreutheit bewusst wird und wir somit neu nach einer Methode suchen müssen, durch die wir weiter meditieren können. Dieses Suchen bedeutet einen Zeitverlust und die Gefahr, die Motivation im Gebet zu verlieren – noch ehe wir einen neuen Einstieg gefunden haben. So verfliegt die sich langsam ausbreitende Ruhe des Herzens schnell wieder, ohne dass wesentliche Gebetserfahrungen geschenkt wurden. Mit dieser unbefriedigenden Situation müssen wir deshalb rechnen, da wir kein besonderes Hilfsmittel, keine bestimmte Formel, besitzen und ständig präsent haben; eine Gebetsformel, mit der wir unseren unruhigen Geist von seinem vielen Umherschweifen zurückrufen können, um – wie nach einem Schiffbruch – wieder in den Hafen der Ruhe eingehen zu können.

Vom Geheimnis der Entgrenzung

Der rechte Einstieg in die konkrete Anleitung zum Praktizieren des Ruhegebetes kann am einfachsten mit elementaren Lernschritten verglichen werden: Besteht der Wunsch, eine Fremdsprache wie zum Beispiel Griechisch zu erlernen, ist der Schüler bei Unterrichtsbeginn noch nicht in der Lage, Grundelemente zu erfassen, Zusammenhänge zu erkennen oder mit sicherer Hand Buchstaben zu schreiben. Er besitzt die Fähigkeit zum Schreiben dieser Buchstaben erst dann, wenn er die Formen lange genug in sich aufgenommen und täglich geübt hat; mit der Grammatik vermag er erst dann richtig umzugehen, wenn ihm die Formeln bekannt sind.

Das Gleiche gilt für das geistliche Leben. Um das Ruhegebet zu erlernen, wird eine einfache Formel gegeben, die man zunächst lernend ganz in sich aufnimmt. Auf sie lenkt der Meditierende ständig seinen inneren Blick. So wird diese Formel mehr und mehr dem Geist zu Eigen. Nach dem Erwägen wird sie dann nur noch ohne das Hinzutun eigener Gedanken innerlich wiederholt. Dieser Vorgang, der keine aktive Betrachtung mehr ist, bewirkt im Betenden eine heilsame Veränderung und führt langsam in eine neue Dimension des Seins.

Wenn eine Formel mit einem Sinnzusammenhang gegeben wird, die wir als Gebet anwenden sollen, wird sie zunächst mündlich und dann nur noch in Gedanken wiederholt. Der aktive und gleichzeitig zur Kreativität neigende Geist ist erst einmal damit beschäftigt, den Inhalt des Gebetes zu erfassen, zu denken, zu assoziieren: Analogien, Erinnerungen, Vorstellungen, Zusammenhänge wie auch Fragen werden sich einstellen. Dieses Ausloten ist mit „Erwägen" gemeint, ist aber sehr bald ausgeschöpft und lässt den Geist zur Ruhe kommen. Beim richtigen Gebrauch der Gebetsformel, die im einfachen inneren Wiederholen besteht, fügen wir von uns aus bewusst keine neuen Gedanken hinzu, sondern nehmen alles wie es kommt. Die zum Ruhegebet gehörenden Formeln sind aus alter Tradition stammende Gebete, die allen, die diese Gebetsweise übten und üben, gleich wesentliche Erfahrungen vermitteln:

- Durch das innerliche Sprechen, das nicht nur in Gedanken geschieht, sondern mehr und mehr mit dem Herzen, nimmt die vielfältige Gedanken-Aktivität der Betenden ab.
- Sie erleben zunächst, dass sie frei werden von übergroßen persönlichen Belastungen und Sorgen.

Das tiefgründige Wissen um das Ruhegebet wurde bereits von den ältesten Wüstenvätern als kostbarstes Gut angesehen und entsprechend nur an diejenigen weitergegeben, die mit einer übergroßen Sehnsucht einen Weg der geistlichen Entwicklung suchten. Für viele Menschen ist es jedoch schwer zu begreifen, dass – je näher sie an die letzte Wahrheit herangeführt werden – alles sich so sehr vereinfacht, dass man es nicht für möglich hält. Hier besteht die große Gefahr, die Wahrheit nicht mehr ernst zu nehmen, da man meint, das Wesentliche müsse komplizierter sein und geleistet werden. Es tut sehr weh, Menschen zu erleben, die mit etwas sehr Kostbarem, das anderen unendlich wertvoll ist, grob und fahrlässig umgehen. Nach langen Vorbereitungen und Prüfungen wurden darum die Schüler – dem Stand ihrer eigenen Erfahrungen entsprechend – in die tieferen Geheimnisse des Gebetes und des Glaubens eingeführt.

Dem Menschen, der tief in seinem Herzen nach einer Verbindung zu Gott sucht, wird zum Beispiel die folgende Gebetsformel anvertraut:

> Gott, komm mir zu Hilfe.
> Herr, eile mir zu helfen!

Andere aus der christlichen Tradition stammende Gebete sind jedoch nicht ausgeschlossen. Im Laufe der Zeit haben sich viele Gebetsformeln herauskristallisiert – bis hin zum „Jesusgebet":

Herr Jesus Christus, erbarme dich meiner
Jesus Christus, erbarme dich meiner
Jesus, Messias, Sohn Gottes
Jesus Christus, Sohn Gottes
Herr, erbarme dich meiner
Herr Jesus Christus
Herr, erbarme dich
Komm, Herr Jesus
Christe eleison
Kyrie eleison
Herr Jesus
Maranatha
Jesus, du
Immanuel
Christos
Adonai
Jesus
Abba

Durch das Praktizieren des Ruhegebetes wird die oder
der Meditierende auf die Dauer psychisch stabiler und
zunehmend immun gegen Negativität. Denjenigen,
deren Leben sinnentleert ist oder die Angst vor der
Wirklichkeit haben, sowie alle, die unter bedrücken-
der Traurigkeit oder Depressionen leiden, wird ein si-
cheres Gefühl von Angenommensein geschenkt,
wenn sie in der Anrufung Gottes eine der wesentlichen Grunderfahrungen machen dürfen, letztlich in

ihrer Not nicht allein gelassen zu sein. Jedem wird die Gewissheit vermittelt, dass er um unsere Schwierigkeiten weiß, stets gegenwärtig ist und uns begleitet. Durch die regelmäßige Meditation wird aber auch ein ungutes Zuviel abgebaut: Überheblichkeit schwindet, Erfolgserlebnisse werden richtig eingeordnet, Ausgelassenheit kennt ihre Grenzen und Einbildung löst sich auf.

Diese einfache Art des Gebetes ist so umfassend und wirksam, dass es für jeden, unabhängig davon, welche äußeren und inneren Voraussetzungen gegeben sind oder in welcher Lebenssituation er sich befindet, notwendig, sinngebend und von richtungweisender Bedeutung sein kann. Mit der Anrufung bezeugen die Betenden, dass sie Gott als ihren Helfer und Heiland anerkennen und ständig neu seine Liebe benötigen – sowohl in harten und traurigen Zeiten als auch in Zeiten der Zufriedenheit und des Erfolgs. Aus Tiefen herausgezogen, in der rechten Mitte bewahrt zu bleiben und von ungesunden Höhen wieder auf den lebenswahrhaftigen Grund zurückgeführt zu werden, ist Grundanliegen eines jeden Menschen, der in seiner Begrenztheit alle Zeit auf die Hilfe und Barmherzigkeit Gottes angewiesen ist.
Der Mensch stößt immer wieder schmerzlich an seine eigenen Grenzen. Das Ruhegebet bietet eine Möglichkeit zur heilsamen Entgrenzung.

Beispiele

Wenn ich in Konsum verstrickt bin und durch unangemessenes Verhalten gegen meinen eigenen Willen nach immer größerer Befriedigung suche ...
Gott, komm mir zu Hilfe.
Herr, eile mir zu helfen!

Kann ich den rechten Zeitpunkt nicht abwarten oder verlange ich übermäßig viel ...
Gott, komm mir zu Hilfe.
Herr, eile mir zu helfen!

Wenn es mir nicht gelingen will, die Art meiner Ernährung meiner spirituellen Entwicklung anzupassen – entsprechend auch meine Sexualität ...
Gott, komm mir zu Hilfe.
Herr, eile mir zu helfen!

Bin ich versucht, die lebensnotwendigen Bedürfnisse meines Körpers zu unterdrücken oder zu vernachlässigen ...
Gott, komm mir zu Hilfe.
Herr, eile mir zu helfen!

Werde ich von meiner eigentlichen Aufgabe durch Störungen psychischer oder physischer Art wie Kopfschmerzen, Stress, Übermüdung abgehalten oder laufe ich Gefahr, mehr Freizeit als notwendig zu nehmen ...

> *Gott, komm mir zu Hilfe.*
> *Herr, eile mir zu helfen!*

Kann ich auf Grund von Konflikten, ungelösten Problemen oder Spannungen keine Ruhe finden, bin ich erschöpft und ohne Energie ...

> *Gott, komm mir zu Hilfe.*
> *Herr, eile mir zu helfen!*

Gewinnt meine Sexualität eine zu große Bedeutung und verlangt mein Körper ein ständiges Nachgeben, was zu einem mich beherrschenden triebhaften Verhalten führt ...

> *Gott, komm mir zu Hilfe.*
> *Herr, eile mir zu helfen!*

Wurde mir die für mich persönlich rechte Mitte in meinem sexuellen Fühlen, Denken und Handeln geschenkt, und ich möchte sie gern bewahren ...

> *Gott, komm mir zu Hilfe.*
> *Herr, eile mir zu helfen!*

Kann ich nicht mit meiner Aggressivität umgehen, beherrscht Geld mein Denken, komme ich nicht aus einem seelischen Tief heraus, und meine Ausgeglichenheit wird hierdurch erheblich gestört ...

Gott, komm mir zu Hilfe.
Herr, eile mir zu helfen!

Bin ich launisch, schleicht sich das Verlangen ein, mir einen besonderen Namen zu machen oder werde ich gar überheblich, bin ich versucht, mich für besser oder wertvoller als andere zu halten, so kann ich wieder zu einem gesunden Selbstbewusstsein und zur Achtung der anderen zurückfinden ...
Gott, komm mir zu Hilfe.
Herr, eile mir zu helfen!

Wenn ich mein gesundes Selbstbewusstsein und eine natürliche Bescheidenheit wiedererlangt habe, gilt es, den verlockenden Rückfall in die Überheblichkeit zu verhindern, um nicht den hiermit verbundenen Rückschritt in meiner Entwicklung schmerzlich zu erfahren ...
Gott, komm mir zu Hilfe.
Herr, eile mir zu helfen!

Ich kann mich nicht mehr konzentrieren; meine Gedanken schweifen ständig ab. Ich bemühe mich mit aller Kraft, gegen Illusionen und Flatterhaftigkeit anzukämpfen - selbst während des Betens gehen meine Gedanken in die verschiedensten Richtungen. Fühle ich deswegen eine solche Leere in mir, dass mein Geist nicht zu sich finden kann ...

Gott, komm mir zu Hilfe.
Herr, eile mir zu helfen!

Merke ich, dass ich durch eine besondere Gnade innerlich wieder gefestigt bin, dass mein Denken klar und beständig wird, dass ich mich nicht nur heiter, sondern wirklich glücklich fühle – verspüre ich einen Fortschritt in meiner geistigen Entwicklung oder werden mir auf Grund meiner zunehmenden Reife verborgene Wahrheiten offenbar, verlangen meine Seele, mein Geist und mein Körper Kontinuität ...
Gott, komm mir zu Hilfe.
Herr, eile mir zu helfen!

Leide ich unter zwanghaften Vorstellungsbildern oder fesselt mich eine Ideologie und wird mir dadurch die Hoffnung auf Heilung und die Zuversicht in das Leben an sich genommen ...
Gott, komm mir zu Hilfe.
Herr, eile mir zu helfen!

Ich habe eine Durststrecke überstanden und fühle mich durch die Kraft des Heiligen Geistes gestärkt – mir ist ein neues Kraftpotential zugänglich, ich verspüre den Mut, sogar unangenehmste Probleme, vor denen ich mich vorher fürchtete, anzugehen und zu bewältigen. Damit dieser Mut und diese Kraft in mir bleiben ...

Gott, komm mir zu Hilfe.
Herr, eile mir zu helfen!

Das Ruhegebet ist regelmäßig zu beten, um immer wieder zur Mitte zu finden: in Zeiten der Belastung zu unserer Befreiung, in glücklichen Zeiten zur Bewahrung dieses Zustandes, und immer, damit wir täglich neu aus der Kraftquelle schöpfen können. Die Gebetsformel wird zunächst gedanklich wiederholt, bis sie dann allmählich zu einer eigenen Schwingung des Herzens wird.

In der Meditation stabilisiert sich dann nach und nach eine innere Ruhe, die mir auch außerhalb meiner eigenen Meditation als Kraftpotential zur Verfügung steht: bei jeder Aktivität, bei jeder Arbeit, bei jeder außergewöhnlichen Belastung.

Es entwickelt sich ein Verantwortungsgefühl für einen natürlichen, angemessenen Umgang mit meinem Körper, so dass sich zudem ein tiefer und erholsamer Schlaf von selbst einstellt. Die aus den Meditationen gewonnene Ruhe kann mir nicht nur helfen, meinen Alltag kraftvoller und sicherer zu bestehen, sondern sie schenkt auch das Gefühl der letzten Geborgenheit in Gott und somit Mut zum Loslassen in der Sterbestunde.

Mit dem Ruhegebet besitzen wir eine lebensunterstützende und wunderbare Kraft, die uns stärkt gegen schädigende Einflüsse jeglicher Art und uns stabilisiert. Wie in einem inneren Reinigungsvorgang werden wir von allem befreit, was nicht zu uns gehört und unserem Entwicklungsweg nicht entspricht. Das Gebet wird mehr und mehr im Fortschreiten auf Gott zu einem unaussprechlichen Schwingen und es entgrenzt uns auf sein liebendes Entgegenkommen und seine unendliche Barmherzigkeit.

Die Urschwingung, die durch die Wiederholung der Gebetsformel im Herzen lebendig und bewusst wird, lässt die Gegenwart Gottes transparenter werden und möchte ständig in uns bleiben: Sie ist uns nahe, wenn wir uns zum Schlafen niederlegen - bis sie uns auch einmal während des Schlafes ganz bewusst ist. Wir werden von ihr erfüllt sein, wenn wir vom Schlaf zur Aktivität wechseln, und es wird in uns - ohne bewusstes Dazutun - das andauernde Gefühl der Dankbarkeit entstehen. Diese Schwingung des Herzens wird unser weiteres Fühlen, Denken und Handeln jederzeit begleiten.

Mit zunehmender Gebetspraxis kann während des Gebetes das begrenzte Gefühl von Raum und Zeit schwinden. Wir verlieren um zu gewinnen. Diese paradoxe Aussage kann man nur durch eigene Gebetserfahrung wirklich belegen. Wir brauchen jedoch keine Sorge zu haben: Nach der empfohlenen und eingeübten Zeit kommen wir wieder ganz von selbst aus dem Gebet zurück.

Entgrenzung erfahren

Nachdem das Ruhegebet in unserem Bewusstsein verankert ist und es durch die stetige Anwendung und Wiederholung in der Meditation bewirkt, dass die gedankliche Aktivität abnimmt und aller geistige Besitz losgelassen wird, kann der Geist ganz einfach und leicht in der strengen Armut dieser kurzen Anrufung schwingen, bis jener Glückszustand erreicht ist, den das Evangelium „selig" nennt. So ist auch die erste Seligpreisung zu verstehen: *Selig sind die Armen im Geiste, denn ihrer ist das Himmelreich.* (Matthäus 5,3)

In der Meditation leben, ja, atmen wir diese Armut immer mehr. Es ist die einfache, in sich selbst schwingende Ruhe, die den Reichtum der ganzen Schöpfung in sich enthält, die Ruhe, von der am siebten Schöpfungstag Gott selbst spricht. Wenn sie in uns lebendig wird, können wir sie in ihrem ganzen Reichtum aktiv erfahren; natürlich ganz individuell und entsprechend unserer jeweiligen Lebenssituation.

Kann es eine größere Armut geben als diese, in der wir erkennen, dass wir aus uns selbst kraftlos sind und darum fremder Hilfe bedürfen? Hängt doch unser ganzes Leben und Wesen in jedem Augenblick und letztlich von Gott und seiner liebenden Zuwendung ab. Der unten Stehende wird langsam aufsteigen und auf vielfältige Weise die Spuren Gottes erkennen, wobei Gott selbst ihn erleuchtet und ihn einführt in tiefe und noch verborgene Schöpfungszusammenhänge. Der Betende wird jedoch immer Erdung erfahren müssen. Durch das Ruhegebet wächst neben der Sensibilität eine klare Realitätsbezogenheit. Hätten wir ständig beide Füße am Boden und eine gute Standfestigkeit, würden wir uns bei Enttäuschungen, Misserfolgen oder Problemen ganz anders behaupten können. Die Wurzeln eines Baumes sollten fest und tief in der Erde verankert sein, damit er Stürmen widerstehen kann, selbst wenn er zu einer großen Höhe herangewachsen ist.

Die Erfahrung der lebendigen Wahrheit in uns wird durch die Übung des Ruhegebetes auf einer ganz reinen Ebene des Geistes grundgelegt. Von hier aus steigen dann alle Gebete zu Gott auf, aus der Armut des Geistes und einem reinen Herzen. Dieser reine und stille Seelengrund, der durch das Ruhegebet transparent und verfügbar wird, beinhaltet überhaupt keine Vorstellungsbilder und Gedanken mehr. Und folgerichtig nimmt auch während des Ruhegebetes jegliche bildliche Vorstellung, alle Gedankenaktivität ab, und der Betende wird - wie von selbst - in tiefere Schichten geführt. Unser Geist und unser Herz sind erfüllt von Glück und tiefer Freude, da sie sich jenseits aller Gedanken und Relativität in einem Zustand der grenzenlosen Hingabe an Gott befinden.

Was in der Tat kann vollkommener oder höher sein als die Bewusstwerdung Gottes in einer so kurzen Meditation zu erreichen und sogar durch das Dahinströmenlassen eines einzigen Verses alle sichtbare Begrenztheit zu überschreiten und gleichsam alle Gebetszustände in kurzen Worten zusammenzufassen? Etwas sehr Wichtiges sollte jetzt am Schluss noch einmal besonders hervorgehoben und erklärt werden:

Wie können wir die uns in der Meditation geschenkte Ruhe bewahren sowie die gewonnene Kreativität anwenden und es somit vermeiden, durch geistige Unruhe und stetes Umherschweifen der Gedanken an der Erfüllung unseres Lebens vorbeizugehen, die uns durch Gottes Gnade eigentlich zuteil werden könnte?

Kommen Ablenkungen von außen, unterbrechen wir die Meditation, nehmen sie aber sobald wie möglich wieder auf. Ablenkungen wie zum Beispiel Geräusche, die wir nicht abstellen können, sind Anfragen an unsere innere Stabilität. Um diese Beeinträchtigung sollten wir uns nicht kümmern und der Gebetsformel den Vorrang geben. Ebenso sollten wir es auch mit Gedanken, Vorstellungsbildern und Gefühlen handhaben. Wir schenken ihnen keine Beachtung, kehren zur Gebetsformel zurück und wiederholen sie innerlich.

Der grund-legende Weg

Diese einfache Meditationsform, das Ruhegebet, trägt wesentlich dazu bei, das Leben in tieferen Dimensionen des Seins zu erfahren und eine Beständigkeit des Herzens zu erlangen. Grundvoraussetzung dafür, dass wir auf den Anwegen richtig Fuß fassen und auf ihnen beständig weiter zu unserem Ziel gehen können, ist das Eingebundensein in eine unseren körperlichen und geistigen Fähigkeiten entsprechende sinngebende Arbeit. Wir sind als Menschen mit freiem Willen ausgestattet und tragen somit die Verantwortung für die gesamte Schöpfung. Unter „sinngebend" ist somit das verantwortliche Umgehen mit den Gaben Gottes zu verstehen: zur Förderung des anderen, zur eigenen Existenzsicherung und geistigen Weiterentwicklung, zum Schutz aller Hilflosen und zur Bewahrung der Natur.

Es ergibt sich ein Wechsel zwischen Ruhe und Aktivität, wie wir ihn als zugrunde liegende Ordnung in der gesamten Schöpfung erleben. Meditation und Arbeit helfen nach und nach Belastungen und Sorgen abzubauen und Stabilität wachsen zu lassen. Die aus der Meditation gewonnene Ruhe und Innerlichkeit nehmen wir mit in unseren Alltag, so dass die Grenzen fließend werden, bis sie sich ganz auflösen und unser Leben, unser Empfinden, Denken, Sprechen und all unser Tun zu einem beständigen Gebet werden.

Von diesem „Beten ohne Unterlass" *(1. Thessalonicher-brief 5,17),* dem Erfolg des Ruhegebetes, können wir nicht sprechen, wenn wir gedanklich gesteuert beten und den Inhalt in unserem Alltag nicht leben. Nehmen wir eine große Unruhe mit, sind wir nicht offen und bereit für Gott, wird es schwer, sein Entgegenkommen zu spüren; nehmen wir durch die Meditation eine große Ruhe mit, sind offen und bereit für Gott, kann er uns in seinem liebenden Entgegenkommen beschenken und wandeln. Der Meditierende, der mit der Lehre und einfachen Praxis des Ruhegebetes vertraut wird, macht eine neue wesentliche Erfahrung: Dieser Gebetsweg unterscheidet sich „grundlegend" von allen anderen Gebetsformen und Betrachtungsweisen. Im Ruhegebet werden keine biblischen Texte bedacht; theologisches Wissen ist nicht erforderlich. Es dient nicht der unmittelbaren Wissensgewinnung, sondern führt ohne Konzentration und ohne bildhafte Vorstellungen auf dem Weg der Erfahrung in einen Bereich tiefer Ruhe.

Das Ruhegebet ist ein einfaches und müheloses Gebet, das zur wirklichen, unerschöpflichen Kraftquelle führt. Es ist ein Mittel, die Reinheit des Herzens und der Seele zu erlangen. Durch seine Praxis, die ständige schweigende Wiederholung der Gebetsformel, richtet es den Geist ganz auf Gott aus, damit er sich uns ganz schenken kann.

Zweites Buch
Das Kosmische Gebet

Tue den ersten Schritt ...

Der Mensch als sterbliches Vernunftwesen kann die zentrale Frage nach dem Sinn und den Seinszusammenhängen allen Lebens letztlich nicht selbst beantworten.

Vieles von Gott in Weisheit Geschaffene bleibt für ihn unfassbar und unerreichbar. So ist durch Gottes unermessliche Gnade Jesus Christus zum Mittler göttlicher Liebesenergie geworden. Unerreichbares wird erreichbar durch seine göttliche Weisheit und Gerechtigkeit – Unmögliches möglich, indem er befreit und heilt.

Trotz aller guten Gedanken, Absichten und entsprechender innerer Bereitung bleibt für den geistig unvollkommenen Menschen vieles offen. Wir wissen letztlich nicht, worum und wie wir in rechter Weise beten sollen. Und genau in dieser Hilflosigkeit tritt jedoch der Geist selbst für uns kräftig ein. Gottes Geist in seiner großen Menschenliebe und Mitempfindung nimmt unsere Besorgnis und unser Leiden auf sich. Eine Erörterung des Gebetes und die Einübung sind so verantwortungsvolle und bedeutende Aufgaben, dass sie unbedingt der Wegweisung und -begleitung des Vaters bedürfen, der Belehrung des Mensch gewordenen Wortes und der Kraft des Heiligen Geistes. Da wir uns als begrenzte Menschenwesen nicht anmaßen können, das Gebet letztlich in seiner kosmischen Weite ganz zu begreifen, sollten wir immer wieder um den Geist der tieferen Einsicht bitten und die in den Evangelien aufgezeichneten Gebete verstehen lernen. Am wichtigsten ist die

• innere Einstellung des Betenden, sein Seelenzustand und dann
• die Haltung, die man einnehmen sollte.

Das Gebet bedarf einer guten Bereitung. Es ist daher ratsam, schon vor der Gebetszeit anzuhalten, um sich innerlich vorzubereiten. Soweit es möglich ist, soll alles, was die Gedanken verwirren und vom Gebet ablenken kann, zurückgelassen werden. Die Vorstellung dessen, was wirklich im Gebet geschieht – dem überaus Großen, dem wir begegnen dürfen – möge helfen, alle Enge, Trägheit und Gleichgültigkeit abzubauen. In dieser Sammlung breiten wir gleichsam durch die geöffneten Hände unsere Seele vor Gott aus; durch das Schließen der Augen wird gleichsam unser denkender Geist ganz Gott hingegeben und indem wir uns aufrichten, um auch innerlich aufrichtig zu sein, lenken wir unsere Vernunft von der Erde empor, aufsteigend zum Herrn, der den allumfassenden Kosmos geschaffen hat. Diese vom innersten Wesen her nach oben ausgerichtete Bewegung schließt sowohl die Verzeihung für alles erlittene Unrecht und die Versöhnung mit ein als auch den Wunsch um Vergebung unseres Fehlverhaltens gegen ihn, viele Mitmenschen und die gesunde Vernunft.

Es sollte sich stufenweise eine Theologie und Praxis des Betens entwickeln, bis Gebet zum Leben und Leben zum Gebet wird. Eine gute Vorbereitung rechten Betens schließt eine Spontaneität keinesfalls aus, die oft eher aus dem Herzen kommt als geplantes und gewolltes Beten.

Die Haltung des Körpers mit ausgestreckten offenen Händen ist die eines Empfangenden. So spiegelt auch der Körper die besondere Beschaffenheit der Seele während des Betens wider. Man sollte im Sitzen beten oder – bei Krankheit – im Liegen. Können wir uns im Berufsleben oder auf Reisen nicht zurückziehen, ist es auch möglich, nur innerlich zu beten, ohne aufzufallen.

Dreimal am Tag sollte man sich für das persönliche Gebet oder die Meditation zurückziehen: jeweils möglichst zur Zeit des Sonnenaufgangs und des Sonnenuntergangs sowie mittags, immer vor den Mahlzeiten. Können diese Zeiten nicht eingehalten werden, ist auch jede andere Zeit zum Beten möglich.

Viele Menschen halten das Beten für überflüssig, da sie meinen, hierdurch sei nichts zu erreichen:

- die reinen Atheisten, die die Existenz Gottes leugnen,
- die, für die es keine göttliche Vorsehung gibt,
- einige Menschen, die an Gott und seine unbeeinflussbare Vorsehung glauben.

Es ist vordringlich, sich insbesondere mit den Christen zu beschäftigen, die zwar an den göttlichen Plan glauben und das Gebet billigen, es jedoch selbst nicht praktizieren, da sie sich keinen Erfolg hiervon versprechen.

Ursache des Schicksals

Wenn auch der Mensch die freie Selbstbestimmung besitzt und zwischen Alternativen wählen kann, so ist Gott diese Entscheidung notwendigerweise vorher bekannt.

Vorsehung und Freiheit schließen sich keineswegs aus, im Gegenteil: Nicht das Vorauswissen Gottes, sondern der freie Wille ist Ursache des Handelns und somit auch unseres Schicksals. Gott fügt in seinen kosmischen Plan den freien Willen des Menschen so ein, dass eine Einheit entsteht zwischen seiner Vorsehung und dem freien Willen des Individuums, das sein Schicksal selbst bestimmt.

Ebenso weiß Gott vorher, welches Gebet uns bewegt, in welcher Gesinnung wir beten und was uns auf unseren Wunsch hin als Er-hörung zuteil wird. Der, der lebenswahrhaftig betet, wird erhört – allein seines Gebetes wegen. Nicht erhört wird der, dessen innere Haltung nicht im Einklang mit dem Gebet steht oder der um etwas bittet, was weder seine Entwicklung fördert noch im Schöpfungsplan Gottes vorgesehen ist.

Gott unterstützt in seiner Liebeszuwendung den einzelnen Menschen, der aus sich selbst nicht immer zielstrebig entwicklungsfördernd handelt und somit der Hilfe bedarf. Hier erweist sich das Gebet als existenzielle Chance, schmerzhafte Umwege zu vermeiden.

Wenn Gott ein wahrhaftes Gebet erhört, lässt er zu, dass der Mensch die für ihn bestimmte und bereitgestellte Heilsmöglichkeit ergreift und damit ein solches Angebot nutzen kann, das alle seine Vorstellungen übertrifft.

Allen Betenden wird eine persönliche wirkmächtige Kraft gegeben, die den göttlichen Segen vermittelt – Engel genannt. Diese sind – je nach der sich für den Beter und die Beterin offenbarenden Stufe des Heils – von unterschiedlicher Natur.

Beim Rückschritt in der geistigen Entwicklung verlieren wir diese segensreichen Kräfte. An ihre Stelle treten Kräfte mit negativen Vorzeichen, die in die Versuchung und ein geistloses Unten führen. Gottes Vorauswissen engt den frei sein Schicksal wählenden Menschen nicht ein, sondern hat eher eine richtungweisende Funktion, da er den freien menschlichen Willen in seinen kosmischen Plan integriert.

Wir gehen einen Schritt in unserer geistigen Entwicklung zurück, indem wir uns den göttlichen segensreichen Kräften aus freiem Willen versagen. Trotzdem bleibt das Heilsangebot Gottes immer für uns präsent. Wir können es jederzeit wieder annehmen. Aber: Gott zwingt uns nicht.

Aufrichtigkeit und Ausrichtung auf Gott

Lobt den Herrn vom Himmel her,
lobt ihn in den Höhen:
Lobt ihn, all seine Engel,
lobt ihn, all seine Scharen;
lobt ihn, Sonne und Mond,
lobt ihn, all ihr leuchtenden Sterne.
(Psalm 148,1–3)

Wenn die Sonne, der Mond und die Sterne Gott preisen, gebührt ihnen, wie auch der ganzen Schöpfung, eine besondere Aufmerksamkeit.
So wie Gott den freien Willen eines jeden Menschen letztlich zum Nutzen in den Prozess der individuellen

und kosmischen Entwicklung einfügt, so hat er die Gestirne als Spender von Leben, Licht und Harmonie sowie als Zeichen einer Beständigkeit der kosmischen Ordnung eingesetzt. Mit einer in ihnen begründeten Intelligenz ziehen sie sicher und beständig, ohne jegliche Störung ihre Bahn. Der Mensch jedoch in seiner möglichen Unbeständigkeit, Abhängigkeit, Beeinflussbarkeit und Disharmonie wird durch das Miteinander, sein Umfeld wie auch durch sich selbst immer wieder aus der Bahn geworfen.

Die Harmonie des Kosmos, in seiner unbeirrbaren Bahn auf Gott hin geschaffen, möge für die freie Willensentscheidung des Menschen richtungweisend und mitbestimmend sein.
Es gibt viele Beweise für die Lebensnotwendigkeit des Betens. Einer Erhörung des Gebetes dürfen wir nur gewiss sein, wenn wir
- versuchen, Unaufrichtigkeit und Fehler zu vermeiden,
- bereit sind, eigene Schuld einzugestehen,
- verzeihen und von Herzen vergeben *(vgl. Matthäus 18,35),*
- die Zeit vor dem Gebet entsprechend bereiten,
- jegliche Anspannung loslassen,
- aus einer aufrichtigen Gesinnung heraus beten,
- keine unbedeutenden Dinge oder Irdisches erbitten *(vgl. Matthäus 6,33),*

- beim Gebet nicht viele Worte machen *(vgl. Matthäus 6,7)*.

Wenn nach dieser Bereitung, in dieser Gebetshaltung und aus innerer Sammlung heraus gebetet wird, erwächst hieraus in vielfacher Weise innerer Gewinn. Das gilt auch für denjenigen, der nur ansatzweise diese Bedingungen erfüllt, aber auf dem Wege ist. Wesentlich ist seine gute Absicht. In diese Situation hinein schenkt sich das Bewusstsein von der liebenden Gegenwart Gottes, dass er uns sieht und hört.
Es steigen aber auch gleichzeitig aus unserem Inneren Vorstellungen, Erinnerungen und Gedanken auf, die dieses Bewusstsein überschatten. Ihnen schenken wir keine Beachtung, sondern wenden uns mit innerer Wachheit der Vorstellung von der Gegenwart Gottes zu, der die geheimsten Empfindungen der Seele wahrnimmt. Unser Innerstes kann jetzt Schwingungen aufnehmen, die die Seele in einen Zustand versetzen, der die Anwesenheit Gottes mehr und mehr spürbar werden lässt.

Gott prüft die Herzen *(vgl. Psalm 7,10)*, durchströmt die Seele mit seiner Gnade und kommt jedem Gedanken zuvor. Allein schon dieses Ausrichten auf die Gegenwart Gottes – selbst wenn kein konkretes Gebet stattfindet – ist Beten im wahrsten Sinne und lässt die Betenden Wesentliches erfahren.

Je regelmäßiger und anhaltender jemand sein Gebet mit der Vergegenwärtigung Gottes beginnt, umso mehr wird Dunkles und die Neigung, es zu wählen, von ihm ferngehalten und führt zu lebensunterstützender Kreativität.

Wenn schon der Gedanke oder die Erinnerung an einen vorbildlichen und in seiner geistig-seelischen Entwicklung hochstehenden Menschen den Wunsch in uns weckt, ihm ähnlich zu werden und schlechte Angewohnheiten zu meiden, um wie viel mehr wird für uns an Gutem geschehen, wenn wir uns an Gott erinnern, den Vater und Schöpfer des ganzen Kosmos?

Wie viel mehr noch wird für uns an Gutem geschehen, wenn wir uns im Gebet mit ihm verbunden fühlen, ganz durchdrungen von der Gewissheit, dass er in seiner Liebe gegenwärtig ist? Um diese Nähe Gottes spüren zu dürfen, sollten wir das Gebet angemessen bereiten und unbelastet seine Gegenwart suchen. Dies ist nur möglich – was immer wieder betont werden muss – wenn wir vorher allen verzeihen, die uns Unrecht zugefügt haben *(vgl. Matthäus 6,14)*, wenn wir im Alltag aufgestaute Gefühle oder Anspannungen abgebaut und dunkle Gedanken anderen Menschen gegenüber aufgelöst haben. Äußerlichkeiten haben keine Bedeutung mehr.

Alle Gedankenaktivität, die nicht mit dem Gebet in Verbindung steht, sollte zur Ruhe kommen, damit der Geist nicht immer wieder aufs Neue durch fremde Gedanken beunruhigt wird. Aus diesem Zustand tiefer innerer Ruhe schenkt sich uns ein unbeschreibliches Gefühl von Zufriedenheit.

Die kosmische Dimension des Gebetes

Die aufsteigende Linie in der Entwicklung auf Gott hin setzt sich auch im Gebet und im Bewusstseinszustand der Betenden fort. Wenn man sich im Gebet ganz Gott hingibt und sich auf ihn verlässt, darf man weit mehr erwarten als das Vorstellungsvermögen fassen kann. Der oder die Betende ist mit Leib, Seele und Geist beteiligt.

Auch der körperlich-materiellen Schöpfung kommt eine positive Aufgabe zu. Sie ist dazu berufen, die Weiterentwicklung der Seele zu unterstützen. Daher ist der Leib in keinem Fall Widersacher, sondern Diener der Seele und des Geistes. Der Geist, der die Geschöpflichkeit der Seele übersteigt, ist mehr oder weniger von ihr getrennt und hat die Aufgabe, die Seele wieder geistig werden zu lassen und sie über sich hinauszuführen. Wodurch kann dieses besser erfahren werden als in der Übung des Gebetes, in dem sich ein Reinigungs- und Entwicklungsprozess vollzieht, Belastendes genommen und der von Gott entfernte Seelenteil wieder aufgerichtet wird?

Wenn sich unser Geist zu Gott erhebt, ist damit ein Loslassen von allen irdischen Abhängigkeiten verbunden und ein Aufgeben aller konkreten Vorstellungen. Die „Augen" des Verborgenen im Menschen, der obere Seelenteil, richten sich in der kosmischen Dimension – über die ganze Schöpfung hinwegsehend – auf Gott, um Anteil an seiner Göttlichkeit zu haben. Der Gebetsweg, der bisher beschrieben wurde, führt zur Vergeistigung der beschwerten Seele. Dies stellt aber noch keineswegs das Ziel dar, sondern ist das Ergebnis eines Reinigungsvorgangs, der das Bild Gottes im Menschen zum Leuchten bringt – Voraussetzung für die Gottesbegegnung. Ein Christ – er braucht kein theologisches Verständnis zu haben – weiß, dass jeder Ort der Welt ein Teil des gesamten von Gott geschaffenen Kosmos ist. So können wir an jedem Ort beten und von hier aus über die ganze Welt, den Kosmos hinausgehen, indem wir die Augen des Leibes schließen, die der Seele dagegen öffnen.

Wenn wir uns der Führung des Geistes Gottes überlassen, nicht mehr unsere Gedanken denken, sondern unser Bewusstsein von seinem Geist durchströmt ist, bleiben wir im Gebet nicht mehr in einer menschlichen Vorstellungswelt, sondern haben Anteil an seiner Wahrheit und seiner Herrlichkeit.

Das Kosmische Gebet kann auch als „All-umfassendes Beten" bezeichnet werden. Hierzu gehören sowohl die

Gebete, in denen wir mit Worten unsere Anliegen formulieren, als auch das Ruhe- oder Herzensgebet und das „immerwährende Gebet": das zum Gebet gewordene Leben.

Die Seele trägt die Bestimmung in sich, Gott ähnlicher und damit licht zu werden. Die Substanz des menschlichen Geistes ist bereits göttlich. Einzig unser Geist kommuniziert mit Gott. Die Seele hat wachsenden Anteil daran. Unsere Seele, die zwischen Geist und Körper vermittelt, besitzt einen eigenen Willen. Somit ist sie vollkommener und göttlicher als der Leib, der Geist jedoch vollkommener und göttlicher als die Seele.

Die Praxis des Ruhe- oder Herzensgebetes ist, zusammengefasst, wie folgt zu beschreiben:

- Gebet mit Leib, Seele und Geist,
- sich sammeln,
- Schließen der Augen; Öffnen der „Augen der Seele",
- Loslassen von allen irdischen Abhängigkeiten,
- Aufgeben aller konkreten Vorstellungen,
- jegliche Anspannung abgeben,
- Gedankenaktivität einstellen,
- keine Worte machen,
- die Führung des Geistes Gott überlassen,
- Zustand tiefer Ruhe – alle Relationen sind aufgehoben,

- die Seele trennt sich von ihrem belastenden Teil,
- Vergeistigung der Seele,
- die Seele erkennt das Bild Gottes,
- Dasein vor Gott.

Eine ganz wesentliche Voraussetzung für ein so erfül-
lendes Gebet – und daran muss immer wieder erin-
nert werden – ist Verzeihen von Unrecht, das man uns
angetan hat. Je feinfühliger wir durch das Gebet werden, umso mehr Gespür werden wir auch dafür bekommen, wem und auf welche Weise wir vergeben
müssten.

Gebet wird zum Leben –
Leben zum Gebet

Wenn wir die rechte Weise zu beten kennen und
üben, werden sich spontan erste Erfolge einstellen. Bereits während der Sammlung zum Gebet
werden wir Gottes geheimnisvolle Nähe spüren.
In dieser vertrauensvollen Hingabe an Gott hat der Beter – indem er aus tiefstem Herzen mit allem zufrie-
den ist, was geschieht – seine Zweifel, seine Unzufriedenheit und alles Einengende abgelegt.

Indem wir Ja sagen zum Ablauf unabänderlicher Ereignisse, sind wir frei von allen Ablenkungen und Bin-

dungen, die den folgerichtigen Verlauf unserer Entwicklung stören. In unserem Inneren, auf feineren Ebenen unseres Seins, sind keine negativen Gedanken mehr, die eine Unzufriedenheit mit unserem Schicksal widerspiegeln oder andere Menschen belasten. Selbst tiefe innere Vorwürfe gegen Gott auf Grund unverständlicher und durch uns nicht beeinflussbarer Ereignisse schwinden. Es bestehen keine Vorbehalte – ganz gleich, was er uns zur Prüfung schickt.

Wenn wir versucht haben, unsere Spannungen und Hindernisse abzubauen und alles für das Gebet Notwendige getan haben, dürfen wir gewiss sein, dass wir niemals allein beten. Wir haben Anteil am Gebet Jesu Christi, dem Sohn Gottes, der auch da gegenwärtig ist, wo man ihn nicht kennt *(vgl. Johannes 1,26)*.

Als Mittler der göttlichen Liebesenergie betet Christus gemeinsam mit uns zum Vater und niemandem versagt er seine Hilfe. Der Sohn Gottes setzt sich beim Vater für uns als Fürsprecher ein und betet für die Betenden. Spürbar und offensichtlich wird das allerdings nur für diejenigen, die seiner Anweisung folgen, beständig zu beten.

> *Jesus sagte ihnen durch ein Gleichnis,*
> *dass sie allezeit beten und darin nicht*
> *nachlassen sollten ... (Lukas 18,1–8)*

Auch das Gleichnis vom bittenden Freund *(vgl. Lukas 11,5-13)* drückt die Beständigkeit und das Vertrauen beim Beten aus.

„Allezeit" beten – gemeint ist hiermit nicht, dass man fortwährend Gebete vor sich hinsagen soll. Die Vorbereitung zum Gebet, das rechte Beten und die Auswirkungen des Gebetes im Alltag nehmen einen immer höheren Stellenwert ein, bis sowohl das Gebet als auch das Leben zu einer beständigen christlichen Existenz werden. Die innere Gesinnung und das äußere Tun bilden allmählich eine Einheit, so dass zwischen dem Ablauf des täglichen Lebens und dem Gebet – es ist jetzt zu einem entgrenzten Gebet geworden – kein Unterschied mehr besteht. Das gerade ist das Umfassende und Kosmische: Das Gebet wird zum Leben und das Leben zum Gebet.

> *Bittet, dann wird euch gegeben ...*
> *Denn wer bittet, der empfängt.*
> *(Matthäus 7,7-8; Lukas 11,9-10)*

Diese Aufforderung Jesu ist glaubwürdig und erfahrbar – gibt doch der gütige Vater uns, die wir seinen Geist empfangen haben, der uns zu Söhnen und Töchtern macht *(vgl. Römerbrief 8,15)*, auf unsere Bitte, was für uns not-wendig ist: „das lebendige Brot".

> *Denn das Brot, das Gott gibt, kommt*
> *vom Himmel herab und gibt der Welt*
> *das Leben. (Johannes 6,33)*

Worte wie „vorschreiben" und „Pflicht" beinhalten im Zusammenhang mit der Kirche und den Sakramenten eine liebevolle anfängliche Hilfestellung, die aber nicht zu einem Zwang führen darf, sondern zu innerer größerer Freiheit und Gottesliebe. Ist ein Entwicklungszustand erreicht, in dem Gebet zum Leben und Leben zum Gebet geworden ist, werden das Bedürfnis und vor allem die Freude unendlich groß sein, einen Gottesdienst besuchen zu dürfen, um Gott in seinem unendlich liebevollen Entgegenkommen zu begegnen.

Einmal wird jedoch ein Zustand erreicht werden, in dem es nicht einmal mehr der Mittlerschaft der Kirche und des Wortes bedarf. Diejenigen, die sich vollends zum Empfang des Göttlichen in ihrer Seele bereit gemacht haben, nehmen auch „ohne den Dienst vermittelnder Menschen" Christus auf – wie auch den, der ihn gesandt hat.

Keiner betet allein

Die Gebete werden nicht nur durch Jesus Christus unterstützt, sondern auch durch die den Betenden zur Seite stehenden segensreichen Kräfte sowie durch die Seelen der Verstorbenen, die am übernatürlichen Sein Anteil haben. Die Verstorbenen, die diese Liebe zum Nächsten auch während ihres irdischen

Daseins gelebt haben, sind in weit höherem Maße von ihr erfüllt und stehen den noch mit menschlichen Schwächen Belasteten zur Seite. Die Kraft ihres Gebetes und ihrer Liebe kommt besonders den Menschen zu, die es schwer haben, diese Welt zu bestehen. In diese größere, kosmisch werdende Dimension des Betens sind wir hineingenommen.

Leiden wir, leiden nicht nur hier auf Erden alle mit, die uns lieb haben, sondern auch alle aus jener Welt, die uns geistig und in Liebe verbunden sind. Freuen wir uns, dann freuen auch sie sich mit *(vgl. 1. Korintherbrief 12,26)*.
Aus Nächsten- und Gottesliebe ist es in vollendeter Weise Christus, der mit uns ist und mit uns gemeinsam jedes Leiden trägt: Entbehrungen, Depression, Einsamkeit, Existenznot, Bedrängnis, Krankheit, Unfreiheit *(vgl. Matthäus 25,35–36)*.
Wenn wir auf sein Leben in dieser Welt schauen, waren es immer dienende und helfende göttliche Kräfte, die besonders in sehr schweren menschlichen Situationen ihm zur Seite standen. *Und es kamen Engel und dienten ihm. (Matthäus 4,11)*
Um wie viel mehr wird Christus, der ja immer in unserer Mitte weilt, in seiner Liebeszuwendung zu den Menschen von allen himmlischen Kräften unterstützt, wenn er die gebrochene Schöpfungsordnung wiederherstellt und alle, die seinen Namen anrufen, rettet

und heilt. *Ihr werdet den Himmel geöffnet und die Engel Gottes auf- und niedersteigen sehen über dem Menschensohn. (Johannes 1,51)*
Engel sind helfende und dienende Kräfte zum Heil der Menschen. Sie stehen uns bei, vermitteln uns gute, kreative Gedanken und sprechen zur Seele während des Schlafes. Die Engel werden auf einer ganz subtilen Ebene in Verbindung gebracht mit der Fähigkeit eines Arztes, Krankheiten zu heilen. Im Auftrag Gottes führen sie sein Heilshandeln aus. Auch Menschen können zum unmittelbaren Werkzeug Gottes werden. Warum sollten diese dann nicht auch „Engel" genannt werden?

Nichts geschieht rein zufällig

Während des Gebetes wird unsere Bitte um Erhörung bekräftigt; in besonderem Maße erfahren wir eine göttliche Unterstützung. In seiner Vorsehung bedient sich Gott bestimmter Kräfte und Menschen, die dem Beter seine Antwort offenbaren.

Ein Arzt, der sich am Bett eines Kranken befindet, verfügt über die Fachkenntnis, die Krankheit zu heilen. Gott hat beide zusammengeführt: den Kranken, der um seine Gesundheit betet, und den Arzt. Wenn die Heilung in Gottes Plan liegt, ist der Arzt fähig, den Patienten von seiner Krankheit zu befreien. Einem guten Arzt sind diese tiefgreifenden Zusammenhänge bewusst. Wenn wir die Zeichen wahrnehmen, die Gott uns auf unseren Weg schickt, und die er auch verantwortet, vermitteln sie einen tieferen Einblick in die Schöpfungsordnung. Diese Erkenntnis führt zu einer Konsequenz, bei der wir der notwendigen Unterstützung durch Gott gewiss sein dürfen. Wir erfüllen seinen Willen.

Nichts geschieht rein zufällig. Kein Zusammentreffen von Menschen geschieht rein zufällig. Gott, der selbst die kleinsten Details und Regungen kennt, lässt zur rechten Zeit die für uns notwendigen Begegnungen zu. Mehr noch: Jenseits alles Menschlichen werden uns Kräfte gesandt – ganz besonders im Gebet –, die nicht nur über unsere folgerichtige Entwicklung wachen, sondern uns darüber hinaus auf diesem Weg unterstützen. Einem jeden von uns, mag er noch so weit von Gott entfernt sein, ist die uns ganz persönlich entsprechende segensreiche Kraft gegeben, die unser Beten stärkt und uns hilft, unser Heil zu finden.

Wirksamkeit des Betens

Gibt es nicht in jedem Leben – wenn wir uns nur daran erinnern – ungezählte Augenblicke, in denen wir von Herzen Gott gedankt haben für etwas, das alles menschliche Tun und Denken übersteigt?

- Oft fühlen wir uns über längere Zeit deprimiert; nichts will gelingen. Vernünftige Gedanken bleiben aus. Es scheint nichts zu geben, was das Leben lebenswert macht. Beten wir trotzdem - gerade jetzt -, gibt es eine Wende. Wir spüren dankbar, wie Heiliger Geist unser Leben inspiriert.
- In Krankheit erfahren wir unerwartete Besserung und Heilung.
- In vielen Kämpfen und inneren Auseinandersetzungen siegen wir, wenn wir vertrauend im Gebet den Namen des Herrn anrufen.
- Wir lassen uns leicht überreden und geraten in die Abhängigkeit einer Fremdmacht. Ihrer Herr zu werden, sie zu entmachten, neuen Mut zu haben, eigene Intuitionen mit Erfolg in die Tat umzusetzen, ist unweigerlich ein Resultat des Betens.
- Und was mag das Rettende gewesen sein, als wir in äußerster Gefahr waren, aber nicht in ihr umkamen?
- Es sind immer wieder Menschen um uns, die uns zu Fall bringen möchten. Wir sind ihnen durch unsere Art zu leben, unsere Gebetsweise oder unser Verhalten zum Stein des Anstoßes geworden. Anstatt uns anzugreifen, sind sie oft in unserer Nähe wie umgewandelt, „zahm" und verständnisvoll.

• Es gibt Zeiten, in denen Menschen rettungslos verloren scheinen. Vielleicht haben ihre falsche Wahl
  und ihr Lebensstil diese Ausweglosigkeit mit verur-
  sacht. Und dann geschieht das Wunderbare: eine
  innere Wandlung, die sie vom „Tod inmitten des Lebens" befreit.

Diejenigen, die sich nach einem intensiveren geistigen
Leben – einem Leben in Christus – sehnen und ihr eigenes Gebetsleben vervollkommnen möchten, mögen
nicht um kleine und irdische Dinge bitten. In jedem
Gebet sollte es um Geistiges gehen und darüber hinaus um das, was im Geheimnis Gottes verborgen ist.
Dieses ist nur möglich, wenn der Betende dem Geistigen die erste Stelle in seinem Leben einräumt, so dass
durch den Geist alle irdischen und körperlichen Wünsche kultiviert werden *(vgl. Römerbrief 8,13)*.
Unser Gebet erfüllt nicht nur die eigene Seele, sondern kann auch mithelfen, für andere den „Himmel
wieder zu öffnen", der für sie über eine lange Zeit in
Folge selbst verursachter Fehlentscheidungen verschlossen war.
Der Mensch als intelligentes und vernunftbegabtes
Wesen ist nicht durch eine außerhalb von ihm liegende Urverfehlung vorbelastet. Einzig durch seine eigenen Entscheidungen und Handlungen bestimmt er
sein Schicksal. Daher kann auch derjenige, der durch
seine Entscheidungen widergöttlichen Kräften Raum

gibt, sich selbst und durch das Gebet anderer dieser Fremdherrschaft wieder entziehen.

Gebetsarten

Die folgenden Schritte geben eine Anregung und Möglichkeit, das eigene Gebet so zu gestalten, dass wir mit dem Schöpfer des Himmels und der Erde in Berührung kommen, sein Heil erfahren und Anteil nehmen an allem, was ist und existiert.

Am Anfang eines jeden Gebetes steht die Anrufung Gottes im Namen des Vaters und des Sohnes und des Heiligen Geistes. Wir richten uns innerlich auf die unendliche Größe und Herrlichkeit Gottes aus, indem wir all das ganz aufrichtig zulassen, was sich auf ihn hin einstellen möchte. Wir kehren ganz zu uns selbst zurück und spüren unserer Unruhe – wenn sie sich in uns zeigt – nach, bis wir ihren Grund erspüren. Wenn es begangene Fehler oder Sünden sind, möge Gott uns in seinem großen Erbarmen Vergebung schenken. Wir bitten ihn um Heil und Befreiung von seelischer Last, die uns vielleicht schon lange bedrückt. In diesem Bittgebet dürfen wir nun Gott auf Wesentliches ansprechen, das uns in unserer geistig-seelischen Entwicklung fehlt.

> *Der Engel aber sagte zu ihm: Fürchte dich nicht, Zacharias; dein Gebet ist erhört worden.*

*Deine Frau Elisabet wird dir einen Sohn
gebären; dem sollst du den Namen Johannes
geben. (Lukas 1,13)*

*Mose flehte zu Gott, dem Herrn, und sprach:
Warum, Herr, ist dein Zorn gegen dein Volk
entbrannt? Du hast es doch mit großer Macht
und starker Hand aus Ägypten herausgeführt.
(Exodus 32,11)*

*Und ich flehte zum zweiten Mal zum Herrn,
wie auch das erste Mal aß ich vierzig Tage
lang und vierzig Nächte lang kein Brot und
trank kein Wasser, wegen all der Sünde, die
ihr begangen hattet. (Deuteronomium 9,18)*

Dann kommen wir zu absolutem Schweigen und der
Zurücknahme aller bewussten geistigen Aktivitäten.
Es sind Gebete der Hingabe und gleichzeitig Anbetung Gottes, wobei das eigene Ich völlig zurücktritt.
Damit sein Wille an uns geschehe, muss während des
Gebetes unser Wille ganz aufgegeben werden.
Die schweigende Hingabe an Gott wird zum Einfach-
da-Sein vor ihm.

Wenn wir durch kontinuierliches Beten und ein dem
Gebet entsprechendes Leben tiefere Ruhe in uns spüren und die Seele geistig zu werden beginnt, nehmen
wir ganz von selbst alle die Menschen und ihre Anlie-

gen mit in unser Gebet, die uns nahe stehen, uns beeindruckt haben und für die wir uns mitverantwortlich fühlen.

Im Erspüren und Wahrnehmen dessen, was wir in unserem Leben an Gutem empfangen haben, wird sich ein Gefühl tiefen Dankes an Gott einstellen. Danksagungen sind liebende Schwingungen des Herzens der Größe Gottes gegenüber auf Grund empfangener Geistesgaben. Wir werden einen immer größeren Überblick bekommen, der es zulässt, auch Schicksalszusammenhänge anderer Menschen zu sehen. Wenn uns die für jeden zum Heil führende göttliche Erziehung, die allen Schicksalsabläufen zugrunde liegt, bewusst wird, können wir Gott im Staunen über seine Werke einfach nur noch danken.

Auch das Danksagen gilt es – wenn es geboten ist – untereinander einzuüben. Wenn wir aber schon Menschen unseren Dank aussprechen, um wie viel mehr sollten wir Christus Dank sagen für all das Gute, das er uns nach dem Willen des Vaters erwiesen hat!

> *In dieser Stunde rief Jesus, vom Heiligen Geist erfüllt, voll Freude aus: Ich preise dich, Vater, Herr des Himmels und der Erde, weil du all das den Weisen und Klugen verborgen, den Unmündigen aber offenbart hast. (Lukas 10,21)*

Der Dank an Gott geht in eine Lobpreisung über. Das Gebet wird beendet wie es begonnen wurde. Wir rühmen und preisen Gott, den Vater des gesamten Kosmos, durch Jesus Christus im Heiligen Geist.

> *Ihm, dem einen weisen Gott, sei Ehre*
> *durch Jesus Christus in alle Ewigkeit!*
> *(Römerbrief 16,27)*

Durch Christus und mit Christus und in Christus beten wir zu Gott, unserem Vater, dem Schöpfer des Kosmos.
Jesus Christus, der uns gelehrt hat, im Gebet Gott, den Vater, anzurufen, weist uns klar darauf hin, in seinem Namen zum Vater zu beten:

> *Was ihr vom Vater erbitten werdet, das wird er*
> *euch in meinem Namen geben. Bis jetzt habt*
> *ihr noch nichts in meinem Namen erbeten.*
> *Bittet, und ihr werdet empfangen, damit eure*
> *Freude vollkommen ist. (Johannes 16,23–24)*

Das Gebet, das im Namen Jesu Christi auf Gott ausgerichtet ist, beinhaltet die Hingabe, durch die wir letztlich uns selbst Gott darbringen. Ein solches Gebet wird dann zur reinen Anbetung Gottes.

Beten ist Aufbruch
in ein neues Geheimnis

Beten ist Aufbruch in ein jeweils neues Geheimnis. Damit es sich offenbare und in eine reale Beziehung zum Leben treten kann, ist das „rechte Beten" notwendig:

> *Bittet um das Große, und das Kleine*
> *wird euch hinzugegeben. Bittet um das*
> *Himmlische, und das Irdische wird euch*
> *hinzugegeben. (Logion Jesu)*

Die tiefste, dem Menschen eingeborene Sehnsucht ist es, geistig zu werden, um wieder Anteil am „Himmelreich" zu haben. Daher sollen unsere Gebete auf das „Himmlische" gerichtet sein. Die durchaus in diesem Leben notwendigen irdischen, materiellen und leiblichen Güter treten zwar im Gebet zurück, werden aber – ohne viele Worte darum zu machen – von Gott, dem Vater, ganz selbstverständlich jedem in der für ihn richtigen Weise geschenkt.

In allen Gebeten – ganz gleich, welche Intention sie haben oder aus welcher Lebenssituation heraus sie formuliert werden: Letztlich überlassen wir uns der Führung des Heiligen Geistes, so dass sich mehr und mehr die Vaterunser-Bitte „Dein Wille geschehe" an uns erfüllt. Dem Willen Gottes entsprechen, seinen Geist durch uns in diese Welt tragen – das ist das

Himmlische und Große: in der persönlichen Erfahrung der Betenden sowohl im Gebet als auch im aktiven Leben liegt der Aufbruch in ein noch geheimes Abenteuer mit Gott.

„Macht euch also keine Sorgen ..."

Infolge akuter und oft auch bedrängender Lebenssituationen ist uns das tiefste Bedürfnis unserer Seele, geistig zu werden, nicht immer bewusst. Meist erscheint uns dann – wenn überhaupt ein Beten möglich ist – die Bitte um Erfüllung irdischer und leiblicher Wünsche vorrangig. Das ist nur zu verständlich, denn körperliche Schmerzen oder seelische Qualen engen unseren Blick ein, lenken ihn nur in eine einzige Richtung: auf den Wunsch hin, endlich davon erlöst zu sein.

So schwer es uns Menschen auch in diesen ausweglos scheinenden Situationen fallen mag: Lösen wir uns von diesem irdischen oder leiblichen Schmerz und gelingt es uns, Schicksalszusammenhänge zu erkennen, indem wir uns im Gebet auf Gott ausrichten, erhalten wir nicht nur einen Einblick in eine andere Dimension unseres Lebens. Er wird uns auch die Kraft schenken, mit unserem irdischen Leid anders umzugehen, es zu besiegen und mit unserem Schicksal fertig zu werden.

Die Bitte um Geistiges hat Priorität, wie auch immer die jeweiligen Umstände sein mögen, aus denen heraus gebetet wird. So schwer es auch manchmal sein mag – das Wort aus dem Evangelium ist keine Theorie:

> *Macht euch also keine Sorgen ... Euer*
> *himmlischer Vater weiß, dass ihr das alles*
> *braucht. Euch aber muss es zuerst um sein*
> *Reich und um seine Gerechtigkeit gehen;*
> *dann wird euch alles andere dazugegeben.*
> *(Matthäus 6,31–33)*

Schönheit und kosmische Weite der Seele

Wer die Schönheit und kosmische Weite der Seele wahrzunehmen vermag, die in ihrer Vergeistigung durch Gott und sein Wort überirdische und sogar überhimmlische Eigenschaften angenommen hat, der wird in der irdisch-körperlichen Welt nichts Vergleichbares finden, was dieser „Schönheit" der Seele nahe kommt – weder die Schönheit einer Frau, eines Kindes oder Mannes, noch die Schönheit der Natur.

Hat nun die Seele eine solche geistige Entwicklung genommen, ist der Mensch in der Lage, allen materiellen Besitz leicht loszulassen, um das Geistige und Göttliche nicht zu verfehlen. Trotz der Schattenhaftigkeit der irdischen Güter sind sie aber nicht bedeutungslos und abzuwerten. Wenn wir *das* Gebet einüben, das die Seele zu Gott erhebt, sie geistig werden lässt und ihr am göttlichen Sein Anteil schenkt, dürfen wir darauf hoffen, dass Gott unsere irdischen existenziellen Bedürfnisse nicht außer Acht lässt.

Beten um das wahrhaft „Himmlische und Große" ist also für den Menschen allezeit lebensnotwendig. Im Gebet lassen wir alle Sorge und Angst um Vergängliches, Irdisches, Materielles, sogar um die körperliche Gesundheit los – im Wissen und Vertrauen darauf, dass Gott uns mit den geistigen Gnadengaben auch zur angemessen Zeit diese hier und jetzt lebens-notwendigen „Schatten" gewährt.

> *Du aber geh in deine Kammer, wenn du betest, und schließ die Tür zu; dann bete zu deinem Vater, der im Verborgenen ist. Dein Vater, der auch das Verborgene sieht, wird es dir vergelten. Wenn ihr betet, sollt ihr nicht plappern wie die Heiden, die meinen, sie werden nur erhört, wenn sie viele Worte machen.*
> *Macht es nicht wie sie; denn euer Vater weiß, was ihr braucht, noch ehe ihr ihn bittet. So sollt ihr beten: Unser Vater im Himmel, dein Name werde geheiligt ... (Matthäus 6,6–9)*

Nicht Hoffnung oder Trost, sondern Erfahrung der Wahrheit, Einsicht in die Wahrheit und der tiefe Sinn des Weltzusammenhangs werden vermittelt. Auf dem Fundament dieser Erfahrung baut das Gebet auf.

Innerlichkeit führt zur wahren Erkenntnis

Wer seine wirkliche Religiosität finden und leben will, gibt alles ab, was nicht zu seinem Wesen gehört. Er hält inne und geht – bildlich gesprochen – in seine „Kammer", wo *alle Schätze der Weisheit und Erkenntnis verborgen* sind. *(Kolosserbrief 2,3)*
Für die Zeit des Betens hat er sich von der Außenwelt zurückgezogen und jede bewusst gesteuerte Wahrnehmung, Betrachtung und Erwägung aufgegeben.

- Damit er auf dem Weg in die Innerlichkeit, in das Verborgene nicht durch die Sinneswahrnehmung abgelenkt wird, hat er förmlich jede „Tür" nach außen verschlossen.
- Damit sich seinem Inneren, das im Gebet zur Ruhe kommen möchte, keine neu geweckten Vorstellungen und Bilder mehr aufdrängen, gibt er jede Eigeninitiative auf.
- Damit sich auch seinem Geist, der ebenso die im Verborgenen beheimatete Ruhe in Gott sucht, keine

neuen Spuren einprägen, unterlässt er alles aktive Denken, das nichts mit dem Beten zu tun hat.

Jetzt ist das Gebet zu einem wesentlichen Gebet geworden, denn der Zugang zum Vater im Verborgenen ist nicht mehr durch eigene Barrieren verstellt.

> *Jesus antwortete ihm: Wenn jemand mich liebt, wird er an meinem Wort festhalten; mein Vater wird ihn lieben, und wir werden zu ihm kommen und bei ihm wohnen.*
> *(Johannes 14,23)*

Wenn wir diese Voraussetzungen zum Beten erfüllen und „die Tür unserer Kammer" schließen, werden sich die Türen zu Gott in unserem Inneren öffnen, nicht nur zum gerechten Gott, unserem Vater, sondern auch zu seinem eingeborenen Sohn Jesus Christus, der im Heiligen Geist im Verborgenen von uns ebenso zugegen ist. Die uns noch „verborgenen Schätze der Weisheit und Erkenntnis" werden uns durch ein solches Beten offenbar und zugänglich gemacht. Ein Hindernis auf diesem Weg nach innen sind die vielen Worte und Gedankeninhalte. Oftmals kann man davon ausgehen, dass dem, der viel redet und viele Worte macht, die Verbindung zur Einheit, zu dem Einen, verloren gegangen ist.

Einfach ist das Wort Gottes

Ein-fach nämlich ist das Gute,
viel-fältig aber das Nicht-Gute;
und ein-fach ist die Wahrheit,
viel-fältig aber sind die Lügen;
und ein-fach ist die wahre Gerechtigkeit,
viel-fältig aber sind die Möglichkeiten,
sie zu verstellen;
und ein-fach ist die Weisheit Gottes,
viel-fältig aber die Weisheit
der Beherrscher dieser Welt;
und ein-fach ist das Wort Gottes,
viel-fältig aber sind die Gott
entfremdeten Worte.

Viele Worte ermöglichen es dem Betenden nicht, mit der Einheit, dem Einen, mit Gott in Berührung zu kommen, geistig zu werden und die im Einklang mit Gottes Vorsehung stehenden Gebetsanliegen erfüllt zu bekommen. Gott, unser Vater, weiß, was wir brauchen, noch ehe wir ihn darum bitten (*vgl. Matthäus 6,8*).

Ist jemand in der Lage, die Zeichen und die vielen Wegweisungen im Zusammenhang mit der uns nicht sichtbaren Welt wahrzunehmen, kann er auch die größeren und göttlicheren Dinge, die für sein Leben notwendig sind, geistig erfassen. Er betet und lebt in der Gewissheit, dass der Vater diese bereits kennt und ihm das gewähren wird, was er braucht.

Natürlich gibt es viele Gebete, in denen wir Worte machen. Dies ist besonders dann von hohem Wert, wenn Menschen sich zum Gebet zusammenfinden und sich gemeinsam auf Gott ausrichten. Das Wort „Die Versammlung ist der Sammlung vorzuziehen" hat jedoch nur seine Berechtigung, wenn einem gemeinsamen Beten gemeinsames Schweigen und Meditieren vorausgeht. Im Miteinander verstärken sich dann Atmosphäre und gute Schwingungen. Bildlich gesehen: Gehen mehrere Menschen im Gleichschritt über eine Brücke, wird die Energie so stark, dass die ganze Brücke in Schwingung gerät.

Belichtung der Seele

Auf dem Weg der Umgestaltung, Erneuerung und Bewusstwerdung ist Beten unweigerlich notwendig, um zu einem „neuen Menschen" zu werden, *der nach dem Bild seines Schöpfers erneuert wird, um ihn zu erkennen. (Kolosserbrief 3,10)*
Indem unsere Seele mit großer Unterstützung durch das Beten geistig wird, wird das Bild Gottes in ihr belichtet. Aus der bewusst und lebendig gewordenen

Ebenbildlichkeit und Nähe Gottes entsteht mehr und mehr die Fähigkeit, falsche Entscheidungen zu meiden, eine sichere Wahl zu treffen und lebensunterstützend zu handeln.

Bei vielen Menschen stimmen jedoch die Voraussetzungen nicht, sei es durch Unwissenheit, falsche Wahl oder bewusste Abkehr von Gott. Dunkle Schatten in ihrer Seele nehmen ihnen die Möglichkeit, gut zu sein. Auch sie dürfen auf Heilung und Befreiung durch Jesus Christus hoffen und auf ihn vertrauen, der sich immer neu offenbaren möchte, um die Werke der Finsternis zu zerstören (*vgl. 1. Johannesbrief 3,8*).

Gewähren wir ihm und damit dem Wort Gottes Einlass in unser Inneres – in besonders wirksamer Weise durch rechtes Beten –, wird die belastende Schwere unserer Seele leicht und die dunklen Schatten licht. Unsere Seele ist vom Heiligen Geist, dem göttlichen Lebensprinzip durchströmt. Gerechtigkeit und Liebe entfalten sich. Gott in seiner allumfassenden Wesenheit ist in uns an-wesend. Das bedeutet aber nicht, dass der Mensch die gleiche Wesenheit wie Gott besitzt. Wenn auch die Geschöpfe mit ihrem Schöpfer nicht einmal annähernd verglichen werden können, so besteht doch eine Verwandtschaft unseres Geistes mit Gott. Dieser Unterschied hat aber nichts Trennendes, da Gott den ganzen Kosmos erfüllt und zusammen mit seinem Wort, Christus, in allen Wesen gegenwärtig ist. Gott erfüllt somit die Sehnsucht des Menschen, Anteil haben zu dürfen an dieser kosmischen Dimension in Gott *(vgl. 2. Petrusbrief 1,4)*.

Urgrund Liebe

Durch die Begrenzungen des menschlichen Wesens haben wir fast alle von Gott irgendeine falsche Vorstellung, sei es im Denken oder im Bereich der Gefühle. Nur sehr wenige, Gott nahe und im Geistigen hochentwickelte Menschen besitzen durch ihre Lebens- und Gebetserfahrung eine Ahnung von dem, was Gott wirklich ist, von seinem umfassenden allzeitigen Wesen, von der Heiligkeit Gottes.

Im Gebet legen wir alle Vorstellungen von Gott ab, wachsen über alle Begrenztheit hinaus, um einmal die ganze Heiligkeit Gottes zu fassen und widerspiegeln zu können. Die tieferen, unabänderlichen Zusammenhänge der Schöpfungsordnung gehen uns auf. Wir erhalten auf alle noch offenen Fragen eine Antwort, erkennen, dass Gott gerecht ist, indem er jeden entsprechend seiner eigenen Bedürftigkeit ins Leben oder aus dem Leben ruft, ihm Notwendiges mit auf den Weg gibt oder es versagt, ihn auserwählt, ihn annimmt oder sich noch von ihm distanziert – was auch geschieht: der Urgrund ist Liebe. Nicht Worte sind wichtig, nicht Verstehen ist wichtig – das Spüren einer umfassenden Liebe gibt Vertrauen. Die Anrufung des Namens Gottes im Gebet bewirkt

- einen inneren Aufbruch, der lebensspendende Kräfte in die Seele strömen lässt,
- eine Feinfühligkeit im Umgang mit anderen, die das rechte Wort zur rechten Zeit finden lässt,
- ein klares Erfassen der Situation und den Mut, wenn nötig einzugreifen – selbst auf die Gefahr hin, vorübergehend einem anderen Menschen weh zu tun, wenn es zu seinem Heil ist.

Um innerlich gefestigt, erfüllt und in Harmonie zu sein, um in der oft harten Lebensrealität zu bestehen, um auch andere Menschen mittragen und uneigennützig lieben zu können, bedarf es in erster Linie des Gebetes, des Sich-Öffnens für Gott. Durch die Anrufung Gottes, durch die Bitte um sein Erbarmen, wird er, der Schöpfer des gesamten Kosmos, uns seine Hilfe gewähren, das zu vollenden, was er in uns begonnen hat. In dieser Erkenntnis beten wir.

Gott-erfüllte Innerlichkeit

Da das Wort Gottes und damit sein Reich in unserem Herzen ist *(vgl. Deuteronomium 30,14)*, hilft das Gebet in ganz besonderer Weise, die in unserem Inneren verborgene Gegenwart Gottes bewusst werden zu lassen. Durch das Gebet kann Gottes Reich in uns wachsen, so dass nicht nur unser inneres Leben bereichert wird, sondern auch jede Äußerung, unser Denken, Sprechen und Handeln.

> *Auf guten Boden ist der Samen bei denen gefallen, die das Wort mit gutem und aufrichtigem Herzen hören, daran festhalten und durch ihre Ausdauer Frucht bringen. (Lukas 8,15)*

Die von unserem Inneren ausgehende geistige Harmonie erfahren wir als Kreativität, die eine tiefe Freude hinterlässt *(vgl. Römerbrief 7,22)*. Das eigene Leben wird in angemessener Weise verwaltet und die Aufgaben in dieser Welt werden mit Elan und Engagement angegangen – im wachsenden Bewusstsein und der größer werdenden Erfahrung, dass Gott, der Vater, zusammen mit Christus im Heiligen Geist in uns anwesend ist. Das Reich Gottes wird in uns zu einem Zustand Gott-erfüllter Innerlichkeit. Wir sind im Einklang mit seinem Willen und verfügen über eine wunderbare Geordnetheit und Tiefe der Gedanken. Die sich daraus entwickelnde Aktivität führt zu dem, was wir Reich Christi nennen. Es wird zur Realität durch Worte, gelebte Gerechtigkeit und Liebe zum anderen.

Daher ist vorrangig, dass wir insbesondere auch durch unser Gebet Gott und seinem Willen die erste Stelle in unserem Leben einräumen, damit durch ihn und seine Heilszuwendung unser Leben gelingen kann. Wir müssen schlechte Eigenschaften und Neigungen wie sexuelle Ausschweifungen, jegliche Verbissenheit, verletzende Aggressivität, Überheblichkeit, Geltungssucht und Machtstreben ablegen und dadurch unser Inneres mehr und mehr kultivieren.

Wie von selbst werden wir eine aus dem Herzen strömende Liebe zum anderen verspüren, eine durch Verständnis getragene Ruhe. Unsere Lebensimpulse, aus einer gesunden Mitte kommend, können sich lebensgerecht für uns selbst und andere entfalten. Diese geistige Kraft ist das Ziel unseres Betens – bis letztlich alles Zerstörerische in uns, selbst der Tod, keine Macht mehr über uns hat *(vgl. 1. Korintherbrief 15,26)*. Aus dieser Zusage kann jeder Mensch unendliches Vertrauen schöpfen.

Es ist ein langsamer Prozess der Wiedergeburt, der in besonderer Weise durch das Beten beschleunigt wird. Wir haben Anteil an der Auferstehung, die bereits hier und jetzt in unserem Inneren begonnen hat.

> *Denn dieses Vergängliche muss sich mit Unvergänglichkeit bekleiden und dieses Sterbliche mit Unsterblichkeit.*
> *(1. Korintherbrief 15,53)*

Gabe und Auf-Gabe

Niemand braucht zu befürchten abzusinken. Immer stehen an erster Stelle Gaben oder Lebensimpulse, die wir von Gott empfangen: in besonderer Weise, wenn wir uns im Gebet Gott öffnen. Aus seiner Gabe an uns wird unsere Auf-Gabe, die es dann für uns zu erfüllen gilt. In das vertrauensvolle Loslassen und Empfangen müssen wir uns einüben. „Herr, auf dich vertraue ich, in deine Hände lege ich mein Leben."

Wenn wir in das Gebet zum Vater Christus mit hineinnehmen und uns an ihn halten, werden wir *ein Geist mit ihm (1. Korintherbrief 6,17)* und in ganz umfassender Weise fähig, den Willen des Vaters auf Erden wie auch auf feineren Stufen des Weges zur Vollkommenheit zu erfüllen.
So schließen wir immer – ganz gleich wie nah oder wie fern wir Gott sind – in unser Gebet zum Vater Jesus Christus mit ein. Durch ihn sind wir fähig geworden, den alten Menschen in uns abzulegen, um zu einem neuen Menschen zu werden, der nach dem Bild unseres Schöpfers erneuert wird, um ihn zu erkennen *(vgl. Kolosserbrief 3,10)*.

In allen Religionen gab und gibt es Gott nahe Menschen, die durch ihr gelebtes und oft schwer zu tragendes Leben und durch die Wahrheit ihrer Lehre und Schriften uns eine Ahnung geben von einem unendlich liebenden und guten Gott. Sie weisen uns konkrete Pfade. Machen wir – ihnen folgend – Erfahrungen, die über unsere Existenz im Hier und Jetzt hinausgehen und vielleicht schon etwas mit dem Ziel des Weges zu tun haben, schwinden unsere Zweifel. Wir, die wir mitten in unserer Zeit stehen, uns auf Anwegen und Wegen zur Vervollkommnung befinden, bedürfen ständig der Stärkung.

Wenn auch der Mensch in seinem Gebet für Augenblicke Raum und Zeit hinter sich lassen kann, wenn er seinem Fassungsvermögen entsprechend Schöpfungszusammenhänge in der kosmischen Gesamtordnung erleben und eine ganz tiefe innere Ruhe in Gott erspüren darf, so bekommt er doch nur eine Ahnung von der unendlichen Größe und Liebe Gottes.

> *O Tiefe des Reichtums, der Weisheit und*
> *der Erkenntnis Gottes! Wie unergründlich*
> *sind seine Entscheidungen, wie*
> *unerforschlich seine Wege.*
> *(Römerbrief 11,33)*

Die so Betenden können bereits kosmische Erfahrungen machen. Da diese individuell sehr verschieden sind, können sie nicht einheitlich beschrieben werden. Alle aber, die sich auf diesem intensiveren Gebetsweg befinden, dürfen eine ganz tiefe innere Ruhe

erleben und besondere Erfahrungen im Hinblick auf
die Zeit machen.

> *Denn wer in das Land seiner Ruhe*
> *gekommen ist, der ruht auch selbst von*
> *seinen Werken aus, wie Gott von den*
> *seinigen. (Hebräerbrief 4,10)*

Zeitabschnitte zwischen tiefer Ruhe und Aktivität werden überschaubar und in einer ganz neuen Dimension erlebt. Als notwendige Ruhephase inmitten der
Aktivität nennt das Alte Testament den Sabbat zu Ehren des Herrn. Ebenso gilt es, die Aeonen-Jahre zu begreifen (*vgl. Levitikus 25,4–13*).

Wie kann vor dem Hintergrund der Erfahrung solch
großer kosmischer Zeitzusammenhänge ein Mensch
in seinem Alltag noch kleinlich um Tage, Stunden
oder gar Minuten streiten? Wir müssen daher „täglich" um die für uns notwendige Dauer der Zeit der
Gnade und des Heils zu Gott beten, der von Ewigkeit
zu Ewigkeit ist. Mehr als das, was wir erbitten oder
jetzt verstehen können, wird er uns schenken.

> *Was kein Auge gesehen und kein Ohr*
> *gehört hat, was keinem Menschen ins Herz*
> *und in den Sinn gekommen ist: das Große,*
> *das Gott denen bereitet hat, die ihn lieben.*
> *(1. Korintherbrief 2,9)*

Dämonische Mächte

Wenn aber dämonischen Mächten Raum im Geiste gegeben wird und sie ins Herz eindringen, werden die Versuchungen wesentlich stärker. Gott lässt uns, wenn wir widerstehen, einen Weg der Reinigung gehen und schickt uns immer neu durch Läuterungsprozesse, um unsere Herzen zu prüfen, uns zur Einsicht zu führen und uns reif werden zu lassen für sein Reich (*vgl. Apostelgeschichte 14,22*).

Obwohl wir dazu geschaffen sind, gute Werke zu vollbringen, versagen wir doch immer wieder besonders im Alltag zum Beispiel durch mürrisches Antworten, Gleichgültigkeit, liebloses Urteil oder Vorurteil. Schlimme Kettenreaktionen sind oft die Folge. Wir tragen aber Mitverantwortung für eine Welt nach Gottes Sinn. Er möchte, dass sein Heiliger Geist uns durchdringt und in unsere Umwelt hinein ausstrahlt. Durch mangelnde Wachheit, Stumpfheit, Ich-Verfangenheit versagen wir uns seiner Heilszuwendung, die durch uns auch andere Menschen erreichen soll. Durch unsere Verschlossenheit entsteht ein Leerraum, in den Ungeist eindringen kann. Die Dämonen lieben bekanntlich herrenlose und leer stehende Häuser.

Man kann sich noch so weit von Gott entfernen: Er gibt immer die Möglichkeit der Rückkehr. Auch dem am weitesten von Gott Entfernten räumt er diese Chance ein, denn am Ende der Zeiten vergeht nicht etwa seine von Gott geschaffene Substanz, sondern lediglich seine aus ihm selbst stammende feindliche Willensrichtung. Nicht einer soll verloren gehen. Alle können zur Umkehr gelangen.

> *Der Herr zögert nicht mit der Erfüllung*
> *der Verheißung, wie einige meinen, die von*
> *Verzögerung reden; er ist nur geduldig mit*
> *euch, weil er nicht will, dass jemand*
> *zugrunde geht, sondern dass alle sich*
> *bekehren. (2. Petrusbrief 3,9)*

Gott möchte nicht, dass wir uns durch Zwang zum Guten wenden. Wir sollen uns ganz nach unserem eigenen freien Willen entscheiden. Selbst, wenn jemand durch eine freiwillig getroffene falsche Wahl eine sehr, sehr lange Zeit benötigt, bis ihm die negativen Folgen und seine Absonderung von Gott bewusst werden, greift Gott dennoch nicht strafend ein, sondern gibt ihm immer wieder aufs Neue Chancen zur Umkehr.

Gott möchte den Menschen befähigen, die ihm geschenkte große innere Freiheit voll zu erfassen und zu leben, denn nur die Wenigsten sind hierzu in der Lage. Alles Vorkommende, letztlich auch die Konfrontation mit dem Bösen, gehört zum göttlichen Erziehungsplan, der individuell jedem einzelnen Lebensschicksal angepaßt ist und die Entwicklung zur menschlichen Freiheit vorbereitet.

Gott lässt es nicht grundlos zu, dass seine Geschöpfe sich in Netzen verfangen *(vgl. Sprichwörter 1,17)* oder in die Schlinge, in die Bedrängnis geraten *(vgl. Psalm 66,11)*. Aber ohne den Willen des Vaters gerät nicht einmal ein Sperling in die Schlinge *(vgl. Matthäus 10,29)*.

Wer allerdings wie in einem Netz gefangen wird, hat die Kraft seiner Flügel, die ihm verliehenen Fähigkeiten, nicht richtig gebraucht. Wir werden aber nur dann von Gott in das Netzwerk der verschiedensten Versuchungen geführt und müssen uns mit der Macht des Widergöttlichen auseinandersetzen, wenn wir es selbst verschulden. Daher beten wir mit den Worten

Führe uns nicht in Versuchung

um die Einsicht und Kraft, keine Fehlentscheidungen zu treffen, die zu einer schmerzlichen Distanz zu Gott führen.

Chancen durch unsere Freiheit

Jede Versuchung, in die wir verstrickt werden, ist entscheidend für unsere Psyche. Nahezu alles, was unsere Seele in sich aufgenommen hat, ist allen Menschen, sogar uns selbst, verborgen. Indem durch die Versuchungen immer wieder unsere Schatten offenbar werden, haben wir die Möglichkeit, unser eigenes Wesen – und somit uns selbst – besser zu erkennen.

Haben wir den Wunsch und den festen Willen, den geistigen Weg zur Entwicklung unserer Seele zu gehen, müssen wir uns selbst gegenüber ehrlich und lebenswahrhaftig sein und unsere Fehler und Schattenseiten offen eingestehen. Wenn auf diese Weise die Versuchungen zur Transparenz unseres Wesens führen, das Verborgene in unserer Seele ans Licht kommen lassen und die Geheimnisse unseres Herzens bewusst werden – sollten wir dann nicht dankbar sein?

> *Er hat dich durch die große und*
> *furchterregende Wüste geführt, wo es*
> *beißende Schlangen und Skorpione und*
> *Durst gibt, ... um dich zu prüfen, damit*
> *die Gesinnung deines Herzens offenbar*
> *werde. (Deuteronomium 8,15–16)*

Uns ist eine große Chance gegeben, die wir optimal nutzen sollten. Haben wir einer Versuchung widerstanden oder – wenn auch schmerzhaft – durch sie Reinigung und eine neue Sichtweise erfahren, ist diese Entwicklungsstufe abgelöst.

Nun sollten wir fest sein und Kraft schöpfen, damit unsere Seele von bevorstehenden weiteren Prüfungen nicht unvorbereitet getroffen wird.

- Machen wir uns bewusst, dass jede Versuchung eine göttliche erzieherische Absicht beinhaltet.
- Haben wir also keine Angst vor künftigen Anfeindungen.
- Denken wir daran, dass nicht nur unser, sondern jedes Leben Versuchungen ausgesetzt ist.
- Erkennen wir individuelle und kosmische Zusammenhänge.
- Üben wir uns ein in das Gebet – in die Hingabe an Gott.
- Vertrauen wir darauf, dass Gott in seiner unendlichen Liebe das ergänzen wird, was uns in Folge unserer menschlichen Schwachheit noch fehlt.

  Wir wissen, dass Gott bei denen, die ihn lieben, alles zum Guten führt. (Römerbrief 8,28)

Gebet: Weg zur Erlösung

Wenn wir uns unmittelbar negativen, bösen Kräften ausgesetzt fühlen und sie uns herausfordern, wird Gott uns befreien, wenn wir ihn darum bitten:

Erlöse uns von dem Bösen.

Er wird uns Standfestigkeit verleihen, Selbstsicherheit und Stärke, dass wir nicht unterliegen.

> *Von allen Seiten werden wir in die Enge*
> *getrieben und finden doch noch Raum; wir*
> *wissen weder aus noch ein und verzweifeln*
> *dennoch nicht. (2. Korintherbrief 4,8)*

Es gibt Zeiten in jedem Leben, in denen wir außerordentlich stark bedrängt werden. Gott lässt es zu, möchte aber nicht, dass wir Schaden leiden und in der Bedrängnis umkommen.

> *Wenn ich rufe, erhöre mich, Gott,*
> *du mein Retter!*
> *Du hast mir Raum geschaffen,*
> *als mir Angst war. (Psalm 4,2)*

„Raum schaffen" heißt in der Schrift: Fröhlichkeit und Heiterkeit der Seele. Diese lichte und befreiende Lebensqualität schenkt uns Gott in Zeiten der Bedrängnis, indem er uns durch die helfende Gegenwart seines Wortes ermutigt und rettet.

> *Bei allem, was ihm zustieß, sündigte*
> *Ijob nicht und äußerte nichts Ungehöriges*
> *gegen Gott. (Ijob 1,22)*

Obwohl Ijob so viele Anfeindungen und Leiden zu erdulden hat, flucht er doch nicht, wie der Widersacher behauptete, Gott ins Angesicht, sondern bleibt dabei, zu Gott zu beten und ihn zu rühmen, auch dann, als er dem Versucher ganz ausgeliefert war *(vgl. Ijob 1,11.21).*

> *Nehmen wir das Gute an von Gott,*
> *sollen wir dann nicht auch das Böse*
> *annehmen? (Ijob 2,10)*

Das Böse und die Versuchung treten immer wieder an uns heran. Im Vaterunser bitten wir Gott, dass wir in der Versuchung nicht umkommen, sondern von dem Bösen erlöst werden. Allerdings bedarf das Beten noch einer ganz wesentlichen Voraussetzung, um von Gott erhört zu werden. Die zum rechten Gebet gehörende Erkenntnis gewinnen wir nicht allein durch unseren Verstand. Diese Erkenntnis ist ein Ergebnis unseres Hörens auf Gott.

> *Dadurch, dass wir auf Gott hören,*
> *werden wir seiner Erhörung würdig.*

Wir bitten nicht darum, er möge uns jede Versuchung ersparen, sondern beten, nicht in der Versuchung gefangen zu werden und dem Bösen zu unterliegen, das sich wie ein verzehrendes Feuer unserer Herzen bemächtigt. Nur dann besteht keine Ansteckungsgefahr, wenn wir durch das Gebet so mit Gott verbunden sind, dass wir aus seinem Geist heraus leben.

> *Aus seinem Inneren werden Ströme von*
> *lebendigem Wasser fließen.*

Damit meinte er den Geist,
den alle empfangen sollten,
die an ihn glauben.
(Johannes 7,38–39)

Gottes Heiliger Geist wird sich wie ein Wasserzeichen in die Seele all derer einprägen, die ihr Leben auf Geistiges und Geistliches hin ausrichten.

Wir aber haben nicht den Geist
der Welt empfangen,
sondern den Geist, der aus Gott stammt,
damit wir das erkennen,
was uns von Gott geschenkt worden ist.
(1. Korintherbrief 2,12)

Auf Gott hören können wir nur, wenn wir schweigen und uns ihm ganz anvertrauen – vornehmlich im Gebet – und sensibel genug werden, tiefere Zusammenhänge zwischen Gott, den Menschen und dem Kosmos wahrzunehmen. Es ist gut, Menschen zu finden, die mit uns den Gebetsweg gehen, uns Halt geben und mit denen wir auf der Grundlage gemeinsamer Erfahrung nach Antworten auf neue und alte Fragen suchen.

Drittes Buch
Das Mystische Gebet

Die sieben begleitenden Schritte auf dem Mystischen Gebetsweg

1. Schritt: Wir beginnen da, wo wir stehen

Im Mystischen Gebet rufen wir zunächst Jesus Christus an und wenden uns damit dem Licht zu, das vom Vater ausgesandt ist. Allein durch Christus haben wir den Zugang zum Vater, der Quelle des Lichtes.

Durch Jesus Christus, unseren Herrn,
haben wir auch den Zugang zu der Gnade
erhalten, in der wir stehen. (Römerbrief 5,2)

Das Fundament für das Mystische Gebet ist unser bisher gelebtes Leben mit seinen verstehbaren und unverstehbaren Inhalten, Zufällen, Entscheidungen, Traurigkeiten, Hochzeiten und Tragiken. Wir beginnen da, wo wir gerade stehen, auf der Grundlage

- unserer bisher gelebten Religiosität,
- der uns geoffenbarten inneren Wahrheit,
- unserer Erkenntnis aus den Heiligen Schriften,
- der Begegnungen mit Gott nahen Menschen.

2. Schritt: Durch Nichterkennen erkennen

Das Mystische Gebet führt in das überlichte Dunkel. Unter Ausschaltung aller Sinnesfunktionen und allen Erkennens – also im Nichtsehen und Nichterkennen – besteht die Möglichkeit, den zu sehen und zu erkennen, der all unser Sehen und Erkennen übersteigt. Auf der Ebene des logischen Denkens klingt das widersinnig. Aber genau darum beten wir: dass wir durch Nichtsehen und Nichterkennen die Wahrheit wirklich sehen und erkennen.

Nur durch den Verzicht auf alles, was ist, und auch auf das, was nicht ist, entwickelt sich im Betenden für die Zeit des Gebetes ein Zustand ruhevoller Wachheit. Gott, der über allem Sein existiert, begegnet in der mystischen Versenkung dem, der in diesen Bereich über allem Sein eingetreten ist. Hier wird das Gebet zu einer unendlichen Feier des Schöpfers, zu einer Preisung des unerschaffenen Lichtes, das erschaffend stets im Unerschaffenen bleibt.

3. Schritt: Die drei wirkenden Kräfte

Voraussetzung ist der tiefe Wunsch und die immer neue Bereitschaft, den Mystischen Gebetsweg konsequent gehen zu wollen. Nur im Loslassen und sich Öffnen für Gott, der die unendliche Liebe ist, kann sich das göttliche Geheimnis offenbaren. Die Tätigkeit der Sinne, die diese Welt und das In-der-Welt-Sein wahrnehmen, wird im Gebet aufgegeben. Empfindungen werden zugelassen, damit sie sich verflüchtigen können. Das Denken wird nicht mehr bewusst aktiviert, so dass es allmählich zur Ruhe kommt. Jegliches diskursive Denken, alles Reflektieren, selbst die Sehnsucht, das zu erfassen, was jenseits der sichtbaren Existenz liegt, wird aufgegeben.

Selbst der Wunsch nach tieferer Erkenntnis der Geheimnisse Gottes darf nicht mehr Motivation während des Gebetes sein. Gott, der alles Sein und Erkennen übersteigt, führt die Betenden – wenn diese durch Hingabe alles Seienden und durch Nichterkennen ihm nachfolgen – auf den Weg zur Vollendung. Damit sich diese Gemeinschaft mit Gott dauerhaft schenkt, hat der oder die Betende den Prozess der Reinigung anzunehmen, um über die beglückende Stufe der Erleuchtung die Vollendung zu erfahren. Die Übenden werden nur dann von jeder ungeordneten Abhängigkeit frei und gereinigt, wenn sie sich im Mystischen Gebet bedingungslos von Weltlichem und der eigenen Person lösen.

4. Schritt: Um die Welt zu bestehen ...

Werden dem Betenden im Mystischen Gebet und durch das Mystische Gebet tiefere Wahrheiten und

Sinnzusammenhänge bewusst und darf er einblickend am Geheimnis Gottes teilhaben, spürt er für sich und andere eine neue Verantwortung.

Vielleicht kann er ansatzweise über die eigenen mystischen Erfahrungen mit denen sprechen, die auch diesen Weg der Versenkung in Gott gehen, also „Eingeweihte" sind. Das Finden rechter Worte bedeutet eine große Schwierigkeit – wie viel mehr eine rechte Vermittlung. Am einfachsten und verständlichsten ist ein solcher Austausch auf der Grundlage der Heiligen Schrift, deren Inhalt eine über die Welt hinausgehende ewige Wahrheit ist.

Wenn uns die innere Gnade geschenkt und eine Teilhabe an den Geheimnissen des verborgenen Gottes gewährt wird, sollte zunächst jede Äußerung gegenüber Menschen, die noch keinen Sinn dafür entwickelt haben, vermieden werden.

Im Gegenteil: Aus der inneren Fülle heraus, die mit tiefer Ruhe, Gelassenheit, Heiterkeit und Frieden beschrieben werden kann, beginnen die Meditierenden jetzt, Gott auf unaussprechliche Weise zu ehren. Es ist eine geistige Lobpreisung des unendlich liebevollen Gottes; keine menschlichen Worte und keine aus der sichtbaren Welt abgeleiteten Erkenntnisse haben hier mehr Platz. Die lichtvolle und beseligende Erfahrung in der Gemeinschaft mit Gott erfüllt die Betenden mit unendlichem Dank und so tief, dass sie dieses Erlebnis auch anderen Menschen auf beglückende Weise vermitteln.

Somit ist das Mystische Gebet in keiner Weise Weltflucht – wenn es auch manchem Außenstehenden anfangs so erscheinen mag –, sondern es hilft, in der Welt zu sein und sie zu bestehen. Das Mystische Gebet fördert und vergrößert die Nächstenliebe wie auch die Liebe zur gesamten Schöpfung Gottes.

5. Schritt: Viel vermag das kraftvolle Gebet

Die Kraft unseres Gebetes kommt in besonderer Weise denen zu, die diese Welt bereits verlassen mussten oder verlassen durften. Daher beten wir niemals für uns allein. Im Wissen und in der Gewissheit, dass viele Verstorbene Energie zum Heil benötigen, die aus der Tiefe eines Gebetes erwächst, übernehmen wir eine Verantwortung oder sogar Pflicht.

Betet füreinander, damit ihr geheiligt werdet.
Viel vermag das Gebet eines Gerechten.
(Jakobusbrief 5,16)

6. Schritt: Aufbruch in das Du Gottes

Wir nehmen in das Mystische Gebet die gesamte Schöpfung sowie alle Lebenden und Verstorbenen mit hinein. Im Innehalten erkennen wir das, was Frieden bringt. Wir nähern uns dem Geheimnis des Glau-

bens, um im Gottesdienst dem Tod und der Auferstehung Jesu Christi tiefer auf der Ebene der persönlichen Erfahrung zu begegnen.

Das Mystische Gebet ist wie ein Anweg zu der Höhe
oder Tiefe des Glaubens, in das hinein sich die Begegnung Gottes schenkt. Nähe wird aber nur erfahrbar,
wenn alle Hindernisse beseitigt sind.
Selig, die ein reines Herz haben;
denn sie werden Gott schauen.
(Matthäus 5,8)

7. Schritt: Ruhen in Gott

Sich jetzt dem Geheimnis einen Schritt weiter zu nähern bedeutet, alles Verursachte zurückzulassen, damit die innere Ursache in uns Raum findet. Auf diesem Weg der Erleuchtung führt uns Jesus Christus als
das Licht in das Licht hinein. Durch grenzenloses Vertrauen in die geistige Wahrheit und durch Hingabe an
ihn beginnt der Wesenskern unserer Seele zu strahlen, so dass uns die Schönheit der ihr eingeprägten
Urbilder einleuchtet. Unser ureigenstes Wesen, das
durch das Mystische Gebet wieder in Klarheit zu
leuchten beginnt, verbindet sich mit dem Mysterium
der Liebe Gottes.
Alle Wegweisungen sind überflüssig, alle Symbole
sind entschlüsselt, alles Verborgene hat sich offenbart

und nichts trennt uns mehr von der Liebe Jesu Christi, von der Liebe des Vaters und des Heiligen Geistes.

> *Herr, offenbare dich in*
> *der lichten Strahlkraft deiner Liebe*
> *und erfülle unsere Seele mit deinem*
> *zur Vollkommenheit*
> *führenden unverhüllten Licht.*

Auf sicherem Grund

In der Anrufung des Vaters und des Sohnes und des Heiligen Geistes nähern wir uns Gott, den wir „den Guten" nennen. Sprechen wir Gott als den Guten an, schließen wir seine Vollkommenheit mit ein und gleichzeitig das Gutsein von allem, was er geschaffen hat: die Vielfalt der Schöpfung, die aus dem einen, einheitlichen Urgrund hervorgegangen ist und sich immer neu offenbaren möchte. Das Gebet beginnt in diesem Bewusstsein des dreieinigen Gottes als dem Quell alles Guten.

Das die gesamte Schöpfung durchströmende Prinzip der Güte hilft dem Betenden, sich einfach und ohne Umwege auf Gott auszurichten. Durch diese auf ihn hinführende Bewegung werden uns mehr und mehr die überguten Gaben bewusst, die in Gott ruhen. Gleichzeitig werden wir sensibilisiert und in höherem Maße darauf vorbereitet, sie auch anzunehmen. Der sich auf dieser Stufe offenbarende Vorgang ist eine Einweihung.

Gott selbst ist zwar allem Seienden gegenwärtig und nahe – aber nicht alles Seiende ist bei ihm. Erkennen wir diese schmerzliche Distanz und möchten uns ihm nähern, ist das Gehen eines geistigen Weges, eine Ein-übung notwendig.

Die ersten Schritte sind:
- die Anrufung Gottes,
- das Gebet der Hingabe, damit sein Wille an uns ge-schehe,
- ein Aufgeben und Abgeben von allem, was Denken und Fühlen belastet,
- die uneingeschränkte Bereitschaft, eine Gottesbe-gegnung – wie und wann auch immer sie sich schenkt – zuzulassen.

Dieser Aufbruch muss geschehen, um Gott näher zu kommen – ihm, der zwar allem nahe ist, aber nicht alle ihm. Allein wesentlich ist jenes Gebet, das den Be-tenden in seiner Ausrichtung und in seinem Auf-schauen zur Berührung mit der göttlichen Strahlkraft führt. Er erfährt die göttliche Güte und wird von ihr angezogen.

Ein Gleichnis dazu:
Eine in hellem Licht strahlende Kette hängt von der Höhe des Himmels herab bis in unsere Welt. Ergreifen wir sie und ziehen abwechselnd mit beiden Händen, scheint es uns so, als ob wir sie mehr und mehr zu uns herunterholen. Wir ziehen sie aber nicht zu uns herunter. Da die Kette die Erde mit dem Himmel verbindet und dort fest verankert ist, sind wir es selbst, die sich erheben und hinaufziehen in höhere Bereiche eines intensiveren Lichtes.

Ein weiteres Gleichnis:
Wir befinden uns in einem Boot und haben wegen einer starken Strömung und des felsigen Ufers große Schwierigkeiten, an Land zu kommen. Um uns zu helfen, wird von einem Felsvorsprung aus ein Seil zu uns ins Boot geworfen. Wir halten und klammern uns daran fest und beginnen zu ziehen. Es entsteht der Eindruck wie auch das sichere Gefühl, als ob wir den Felsen zu uns heranzögen. Aber in Wirklichkeit ist es umgekehrt: Wir ziehen uns selbst und das Schiff an den Felsen und damit an das sichere Ufer. Wenn andererseits jemand vom Schiff aus den Felsen wegstoßen will, so kann er doch den unerschütterlich fest stehenden Felsen nicht bewegen. Im Gegenteil: Er selbst entfernt sich, indem er sich vom sicheren Ufer abstößt. Je stärker seine Anstrengung ist, umso weiter wird er in das offene Meer hinausgetrieben.

Mit der heranziehenden Bewegung des Hilfe und Halt suchenden Menschen ist das Gebet gemeint, die Hinwendung zu Gott. Was auch immer wir durch unsere Aktivität beginnen und erreichen wollen – vorausgesetzt, es ist kein bewusstes Sichabsetzen von dem Liebesangebot Gottes: Gebet sollte vor allem und an erster Stelle stehen. Die Menschen, die von großer Sehnsucht nach Erkenntnis erfüllt sind und tiefer in die Geheimnisse Gottes eindringen möchten, sollten die Schritte des Mystischen Gebetesweges gehen. Dieses Gebet besteht, wie die Beispiele zeigen, nicht darin, bewusst und durch Kraftanstrengung die göttliche Liebesenergie zu uns heranzuziehen. Das rechte Gebet, das jedem menschlichen Vorhaben vorausgeht, ist das Gebet der Hingabe.

Es wird eingeleitet durch:
- eine gedankliche Ausrichtung auf Gott,
- die Anrufung seines Namens und
- die allmähliche Bewusstwerdung seiner unendlichen Güte.

Die Hingabe an ihn, der es unendlich gut mit uns meint, führt zu einem lichterfüllten Aufstieg, einem Angenommensein auf sicherem Grund und lässt damit Gottesbegegnung zu.

Aller Anfang ist leicht

Im Namen des Vaters und des Sohnes
und des Heiligen Geistes.
Überwesentlich bist du, Gott,
überaus mehr als göttlich
und überaus mehr als gut.
Du bist die Weisheit, die alles Sein
und den ganzen Kosmos durchdringt.

Führe du uns tiefer in das Geheimnis
deiner Worte und der Heiligen Schriften.
Führe du uns die Wege,
die wir gehen müssen
und über alle irdischen Relationen hinaus.
Führe du uns nicht nur in die Sphären
jenseits von Licht und Dunkel,
sondern auch in die Bereiche, die alles
Nichtwissen übersteigen.
Führe und geleite du uns in das Mysterium
deiner Liebe,
dorthin, wo uns die einfachen, absoluten
und unwandelbaren Geheimnisse deines
göttlichen Wissens offenbar werden.
Führe du uns über alle menschlichen Worte
und alles Verstehen hinaus,
wo die Dunkelheit des Schweigens jenseits
des Lichtes die Wahrheit erhellt.

Du, o Gott, bist in überlichtem Dunkel
und geheimnisvoll verhülltem Schweigen
verborgen.
Und doch übertriffst du inmitten des
undurchdringlichen Dunkels
alles an Glanz, was höchste
Leuchtkraft besitzt.
Du bist es, der inmitten des gänzlich
Unbegreifbaren und Unsichtbaren
alle, die im Aufhören jeglicher Tätigkeit
durch Nichterkennen dich erkennen,
mit deiner überreichen göttlichen
Strahlkraft erfüllt.

Diesen Mystischen Gebetsweg kann nur der beschreiten oder ihn weitergehen, der zu immer neuer Einübung bereit ist und im Gebet der Hingabe
- sich dem Geheimnis Gottes übereignet,
- alle Sinneswahrnehmungen zurücklässt,
- Empfindungen nicht nachgeht,
- keine eigenen Gedanken denkt,
- nicht gedanklich versucht, das Seiende oder das Nichtseiende zu erfassen,
- alles Reflektieren und alle Denkinhalte aufgibt,
- von dem Wunsch Abschied nimmt, tiefer und umfassender erkennen zu wollen.

Den zu erkennen, der jegliches Erkennen und jegliches Sein übersteigt, kann jedoch nur auf nichterkenntnismäßigem Weg geschehen. Am Anfang steht das bedingungslose und uneingeschränkte Aufgeben von allem, insbesondere von uns selbst. Nur in dieser beginnenden Freiheit und im Leerwerden – alles loslassend und von allem losgelöst – hat der Betende die Chance, vom lichten, überwesentlichen Strahl des göttlichen Dunkels berührt und angezogen zu werden.

Worte sind überflüssig

Der Einweihungsweg ist nicht sofort jedem zugänglich, denn Anwege sind erforderlich. Daher sollte man darauf achten und es unbedingt vermeiden, denen von der eigenen Erkenntnis und Erfahrung etwas preiszugeben, die keinen Sinn für das Mystische entwickelt haben. Es gibt Menschen, die durch Ironie oder Sinnentstellung gegenargumentieren – ihnen dient oft das Göttliche in unfairer Weise als Waffe gegen das Göttliche. So sollte man sich klugerweise vorerst keinen abfälligen Bemerkungen und Kommentaren aussetzen. Viele haben über ihr logisches Denken und Erkennen hinaus noch nicht die Fähigkeit entwickelt, sensibler und tiefgründiger wahrzunehmen. Ihnen ist im Augenblick noch das am Ende Stehende verwehrt. Daher belächeln sie den Mystischen Gebetsweg und bemitleiden die, die ihn gehen, wegen ihrer „Verirrung". Wer völlig im Diesseits verhaftet ist, vermag es nicht sich vorzustellen, dass über das wahrnehmbar Existierende hinaus eine weitere Existenz möglich ist.

Viele Menschen besitzen sogar die Vermessenheit zu glauben, mit Hilfe ihrer eigenen Erkenntniskraft sich dem geistig nähern zu können, der sich in Dunkelheit hüllt, und von dessen Glanz die Wolken erstrahlen. Ihr Fassungsvermögen ist vorerst noch zu begrenzt, um über alles Geschaffene hinaus eine Ahnung von der Existenz dessen zu bekommen, der alles geschaffen hat.

Den Urgrund alles Geschaffenen mit Worten zu beschreiben, ist nicht einfach – wenn nicht gar unmöglich. Alle nur denkbaren Eigenschaften der gesamten Schöpfung müssen ihm zugeschrieben werden, denn Gott ist ja die Ursache von allem. Da er jedoch jenseits alles Geschaffenen und somit aller Eigenschaften ist, müssen ihm gleichzeitig alle Wesenseigenschaften abgesprochen werden, denn diese werden ihm als Ursprung der gesamten Schöpfung auch nicht annähernd gerecht.

Den göttlichen Urgrund muss man allem weit vorausliegend denken. Alle Eigenschaften, die Fülle und die Leere alles Geschaffenen, sind in ihm begründet. So kann Gott nicht mit Eigenschaften des Seins oder mit

Eigenschaften des Nichtseins begriffen werden. Gott kann nicht „gedacht" werden.

Der Ausgangspunkt

S elbst wenn man versucht, den göttlichen Ur- grund, der die gütige Allursache von allem ist, kurz mit wenigen Worten oder auch weitläufig zu be- schreiben – er würde sich jeglicher Aussage gänzlich entziehen, da er weder aussagbar noch denkbar ist. Und doch, so begrenzt alle Worte und Nicht-Worte sein mögen, kann dem wahrhaft Gott Suchenden dieser geheimnisvolle göttliche Wesensgrund zu einer realen Erfahrung werden. Voraussetzung aller- dings ist, dass nichts, was leben möchte und muss, unbeachtet bleibt, verdrängt oder getötet wird. Das nächste Tor tut sich nur auf, wenn Leben in seiner ge- samten Fülle unabänderlicher Schicksalsabläufe ge- lebt wird.

Für die, die Einblick in den göttlichen Wesensgrund nehmen möchten, öffnet sich ein weiteres Tor, wenn sie bereit sind, nichts festhaltend weiterzugehen. So faszinierend auch innere Glückszustände oder die Be- gegnung mit Gedanken Gottes sein mögen: Wir dür- fen nicht auf diesen höchsten Zwischenstufen der Schöpfungsordnung stehen bleiben.

Um an die Schwelle dessen zu gelangen, der im Dunkel des Ungeschaffenen wohnt und alles Sein übersteigt, müssen schließlich auch die reinen Klänge, die himmlischen Worte und die göttliche Leuchtkraft zurückgelassen werden. Dann werden die Suchenden und von Gott Gerufenen in das Dunkel eintauchen, in welchem, nach dem Zeugnis der Heiligen Schrift (*Exodus 20,21*), der in Wahrheit wohnt, der über Alles erhaben ist.

Mose, der diesen steilen Weg des Aufstiegs geht, hat vor seiner Einweihung in göttliche Geheimnisse bestimmte Vorbereitungen zu treffen. Die Bibel drückt es mit dem umfassenden Wort „sich reinigen" aus und meint damit, alles beim Aufstieg auf den Berg der Gotteserfahrung zurückzulassen: die Abhängigkeit von materiellen Dingen, die eigenen Willensimpulse wie auch alle Denkinhalte.
Dieser Schritt ist ein ganz individueller und schließt sogar die zeitweilige Distanz zu anderen Menschen ein. Mose nimmt jetzt die verschiedensten Urtöne, Klänge und einzigartigen Lichtphänomene wahr und gelangt zum Gipfel seines göttlichen Aufstiegs.

Für menschliche Wahrnehmung und menschliches Denken ist das Göttlichste und Erhabenste nicht mehr fassbar, denn wir bleiben stets innerhalb seiner Schöpfung. Daher können selbst unsere sensibelsten

Wahrnehmungen und unser weitestes Denken lediglich Ausgangspunkt sein, denn der Endpunkt liegt jenseits der Schöpfung. Unserem Geist, und mag er sich noch so weit emporschwingen, bleibt letztlich die alles Begreifen übersteigende göttliche Gegenwart entzogen.

Und dennoch ist es Mose vergönnt, einen Schritt weiter gehen zu dürfen. Er löst sich von allem, was mit den Sinnen wahrgenommen werden kann, und gleichzeitig auch von dem, was die gesunde menschliche Vernunft eingibt. Indem er das, was gesehen werden kann, wie auch das, was in ihm sieht und erkennt, aufgibt, taucht er allmählich in das Dunkel des Nichtwissens ein. Mose ist jetzt ganz eingehüllt in das vollkommen Unfassbare und Unsichtbare. Vertrauend hat er sich in diesem wahrhaft mystischen Dunkel dem hingegeben und übereignet, der alles Licht und Dunkel übersteigt. Das Wesenhafte und Wahrhafte in ihm ist nun beim Schöpfer und in einem höheren Sinne mit ihm vereint.

Da Mose auf alles Wissen verzichtet und nichts mehr erkennt, schenkt sich ihm durch das Nichtwissen eine neue Erkenntnis, die über alle Vernunft hinausgeht.

Die Sehnsucht des wahrhaft Betenden, um deren Erfüllung er in seinem tiefsten Inneren bittet, verlangt danach, in jenes Dunkel einzutauchen, das heller ist als alles Licht. Wir wissen – sind wir uns unserer

Grenzen bewusst –, dass wir nur im Nichtsehen und Nichterkennen den sehen und erkennen dürfen, der unser Sehen und Erkennen übersteigt. Während des Mystischen Gebetes verzichten wir auf alles Wollen, auf alles, was ist oder sein könnte. Wie von selbst stehen wir während der Zeit der Versenkung außerhalb von allem, was geschaffen ist. Jegliche Aktivität kommt bei diesem Eintauchen in das Schweigen völlig zur Ruhe. Jetzt schenkt sich in Wahrheit das wahre Sehen und Erkennen des unerschaffenen Lichtes, das erschaffend stets im Unerschaffenen bleibt. Dem wahren Sehen und Erkennen geht aber ein Prozess voraus, den wir Reinigung oder Läuterung nennen. Auf diesem Weg ist der Betende aktiv beteiligt, indem er hilft, Hindernisse zu entfernen.

Möchten wir unsere ureigenste Mitte nicht nur finden, sondern sie auch bewahren und aus einem Ruhen in Gott Leben neu gestalten – die tiefste Sehnsucht eines jeden Menschen –, bedarf es neben dem Aufbruch eines weiterführenden Weges. Von unserem Ist-Zustand, der die ursprüngliche Wesensform mehr oder weniger noch verborgen hält, steigen wir Stufe für Stufe auf und streifen dabei alles ab, was nicht zu uns und unserem eigentlichen Wesen gehört. Um von unserer begrenzten Wahrnehmung und Erkenntnis des Geschaffenen zum eigentlichen Wahrnehmen und wahren Erkennen des überseienden lichten Dunkels zu gelangen, ist dieser reinigende Prozess notwendig. Die Welt, in der wir leben, verbirgt letztlich - trotz strahlender Augenblicke - die Gesamtheit und Fülle des göttlichen Lichtes.

Zwei untrennbare Wege

Der Aufstieg

Mit zunehmender geistiger Entwicklung und Nähe zu Gott werden die Worte weniger. Je mehr sich der Bereich des Geistigen in uns erweitert, umso enger, schmaler und einfältiger werden alle Worte. Da wir auf dem Weg des Mystischen Gebetes letztlich ganz in das Dunkel eintauchen, das höher ist als unsere Vernunft und übergeistig genannt wird, werden wir die Erfahrung machen, dass alle Worte und alle Gedanken wie von selbst schwinden.

Mit zunehmend tieferer Versenkung offenbart sich allmählich ein Zustand, in dem Worte und Gedanken keine Gültigkeit mehr haben. Diese Bewusstseinsebene ist gekennzeichnet durch eine helle ruhevolle Wachheit in völliger Wortlosigkeit und im Nichtwissen. Wir verspüren eine Bewegung von unteren zu höheren Seinsformen, Konkretes wird abstrakter, das Besondere allgemeiner, das Fassbare unfassbar.

Je weiter wir emporsteigen, umso leichter wird der Weg, da die Anziehungskraft von Gott eine immer größere wird. Ist es nicht verständlich, dass alle Sprache allmählich verstummt, bis nichts mehr ausgesagt werden kann? Gelangen wir nach dem Zurücklassen aller Hindernisse am Ende des Aufstiegs in die lichte Dunkelheit, leuchtet uns Gottes wahres Wesen ein und in tiefem Schweigen werden wir ganz eins mit dem, der unaussprechlich ist.

Diese letztlich von jedem Menschen so ersehnte Erfahrung schenkt sich dem Suchenden, wenn er im Gebet und in ganz besonderer Weise im Mystischen Gebet über die notwendigen Stufen aufsteigt. Nach dem ersten Schritt, dem Beiseiteräumen von allem, was der göttlichen Liebesenergie im Weg steht (Reinigung), wird der Betende mit zunehmender Einübung wie von selbst fähig, sich von eigenem Handeln und Wollen zu lösen.

Auf dem sich nun offenbarenden Weg einer tieferen Einsicht (Erleuchtung) in die Geheimnisse der Schöpfung und des Schöpfers lassen die Betenden alles zurück, was von Gott entfernt und ihm fern ist. Sich dem über alles Erhabenen zu nähern bedeutet, alles aufzugeben – selbst das Denken und das Wissen. Der letzte Aufstieg zum Gipfel der Gotteserfahrung wird zwar steiler, dafür aber klarer, eindeutiger und unverfehlbar. Den Gipfel selbst umhüllt die dunkle Wolke des hellen Lichtes, in die die Betenden jetzt eintreten. Sie geben sich ganz in die Hände Gottes und werden eins mit ihm (Vollendung).

Der Abstieg

Um unseren konkreten individuellen Auftrag im Leben angehen und erfüllen zu können, entlässt uns der Schöpfer wieder aus dieser nicht mehr aussagbaren und denkbaren Erfahrung, der Begegnung mit ihm. Vom Gipfel steigen wir auf seine Weisung hinab, um durch, mit und in ihm seine Schöpfung neu zu beleben, zu erleben und zu bestehen.

Dieser Abstieg ist ein genauso notwendiger Weg zur Gottesbegegnung und Gotteserkenntnis wie der Aufstieg. Je weiter wir uns vom Gipfel entfernen, desto vielfältiger offenbart sich Leben. Die Möglichkeiten, frei zu wählen und Entscheidungen zu treffen, nehmen zu. Wir lernen Gegensätze auszuhalten, aus ihnen Kreativität zu entwickeln und gleichzeitig in einer gesunden Mitte zu ruhen.
Beim Abstieg, in der Zeit nach dem Gebet, nach dem Stillsein in Gott, sehen wir erneut und noch klarer unsere Lebensaufgabe vor Augen.

• Das Schweigen macht dem Nichtschweigen Platz.

- Das Abstrakte führt wieder zum Konkreten.
- Die Wortlosigkeit wird durch Worte abgelöst.
- Das Eine geht in das Viele und die Vielfalt über.
- Ohne die Erfahrung und Erkenntnis zu verlieren, werden höhere Formen des Seins durch untere abgelöst.
- Von der geistigen Höhe führt der Weg in die oft sehr ungeistigen Niederungen des Lebens, die es nicht nur zu bestehen, sondern auch fruchtbar zu machen gilt.
- Der allem Leben Sinn gebende Geist Gottes wird durch den Betenden hindurch für andere gerade in den Situationen spürbar, in denen sie an der Existenz Gottes zweifeln.

Nur durch einen gesunden und ausgewogenen Wechsel zwischen dem Mystischen Gebet, dem Aufstieg gleich, und dem verantwortungsvollen aktiven Leben, dem dazugehörigen Abstieg gleich, kann eine wahrhaft geistige und religiöse Entwicklung erfolgen.
Aus der persönlichen Erfahrung und in der absoluten Gewissheit, jederzeit zu ihm, der immer bei uns ist, zurückzukehren und Kraft aus der schweigenden Ruhe zu schöpfen, wird sich unser Leben erfüllen – auch inmitten der Schattenhaftigkeit und aller unumgänglichen Auseinandersetzungen. Gottes Plan wird dann in allem, was durch uns geschieht, transparent. So wird der Abstieg zu einer reinen Gotteserfahrung für uns

selbst und kann es auch für unsere Mitmenschen werden. Beide Wege – der aufsteigende mystische wie auch das bejahende Hineingehen in die Wirklichkeit des realen praktischen Lebens – gehören untrennbar zusammen und ergänzen sich. In jedem Menschen liegt eine oftmals verborgene tiefe Sehnsucht, einen geistig-religiösen Weg zu gehen und gleichzeitig im aktiven Leben Erfolg zu haben. Nur der kann wunderbare mystische Erfahrungen machen, der das Leben im Rahmen seiner individuellen Möglichkeiten aktiv gestaltet, Unveränderliches trägt und Verantwortung übernimmt. Jedoch kann nur der in seinem Leben erfolgreich aktiv sein, Unveränderliches und Verantwortung tragen, der immer wieder auf der Suche nach Gott ist und ein Stillsein in ihm erfährt.

Aufbruch im Schweigen

Je weiter wir fortschreiten oder je höher wir aufsteigen, desto weniger können wir unsere Erfahrung mit dem Mystischen Gebet in Worte fassen, den Weg beschreiben und die Annäherung an das Ziel, das Einssein mit Gott, auch nur ansatzweise mit anderen teilen.

Die den Betenden erwartende Dimension ist die Vollendung der Seele und des Geistes. Jegliches Denken, die Vernunft oder die Vorstellungskraft spielen hier keine Rolle mehr. Nichts kann auf diesem mystischen Weg zu Gott gedacht oder gar ausgesagt werden. Alle Relationen und Gegensätze existieren nicht mehr: weder Zahl noch Ordnung, weder Größe noch Kleinheit, weder Gleichheit noch Ungleichheit, weder Ähnlichkeit noch Unähnlichkeit.

Das Einswerden wie auch das Einssein mit Gott ist weder mit einem Ausruhen noch mit einer Bewegung oder einem Stillstehen zu vergleichen. Dieser Zustand ist weder ein Zustand der reinen Energie, des Lichtes noch der Dunkelheit. Er ist weder lebendig noch mit Leben identisch; nicht Sein, nicht Ewigkeit, nicht Zeit. Er kann nicht gedanklich erfasst, nicht gewusst werden. Wollte man ihn Wahrheit, Weisheit oder Einheit nennen – er ist mit nichts gleichzusetzen. Auch die Worte „Güte" oder „Geist" wären verfehlt.

Die Ursache von allem ist das Göttliche. Und hier stoßen wir an die Grenzen unseres menschlichen Bewusstseins: Sowohl der Bereich des Nichtseienden als auch der des Seienden müssten überschritten werden. Kein Wort, kein Name, keine Wesensbestimmung für ihn sind nur annähernd ausreichend. Ein Erkennen ist uns nicht möglich.

> *Niemand kann den Sohn erkennen, der nicht*
> *den Vater kennt – aber den Vater kann nur*
> *der Sohn erkennen. (Matthäus 11,27)*

Inmitten der Vielfalt der Schöpfung kann sich der Mensch als ein von Gott geschaffenes Wesen immer und überall seinem Schöpfer zuwenden. Das Mystische Gebet hilft ihm, nicht nur Hindernisse auf dem Weg in eine größere Innerlichkeit zu beseitigen, sondern die oft Angst machenden, engen Begrenzungen der eigenen Wahrnehmung auf Gott hin durchlässig und sein Bewusstsein strahlend werden zu lassen. Die Beseitigung der Hindernisse, dieser notwendige Weg der Reinigung, verläuft durchaus nicht immer sanft und schmerzlos. Der Betende wird jedoch mehr und mehr von der liebenden Strahlkraft Gottes durchströmt, bis dieser Weg in den Weg der Erleuchtung übergeht. Die Erfahrungen werden jetzt kaum noch aussagbar.

Auf dem nun folgenden Weg, dessen Ziel das Einssein mit Gott ist, lösen sich alle Begrenzungen auf. In diesem Zustand eines unendlichen Glücklichseins finden alle Erfahrungen ihre Aussage in einem tiefen Schweigen.

... damit es uns einleuchtet

Eine große Sehnsucht des Menschen besteht darin, tiefer in die Geheimnisse des Schöpfers und seiner Schöpfung einzudringen. Praktizieren wir das Mystische Gebet, können sich uns verborgene Wahrheiten, die sowohl in den Heiligen Schriften als auch in unserem individuellen Leben ruhen, klarer und schneller offenbaren. Immer sollten wir mit einer Anrufung Jesu Christi beginnen, dem wahren Licht, vom Vater ausgesandt:

> *Das wahre Licht, das jeden Menschen*
> *erleuchtet, kam in die Welt.*
> *(Johannes 1,9)*
> *Durch ihn haben wir auch den Zugang*
> *zu der Gnade erhalten, in der wir stehen.*
> *(Römerbrief 5,2)*

Ein klareres Schauen und Wahrnehmen kann sich nicht durch Willensanstrengung einstellen, sondern entwickelt sich erst langsam auf dem Weg des Mystischen Gebetes, auf dem ein anderer uns führt und von allen Hindernissen befreit. Erst jetzt, ganz allmählich, lernt der Betende mit nicht getrübten Augen des Geistes, das heißt durch das Erkennen seiner Seele, die lebendige Strahlkraft Gottes zu ihrem Ursprung hin wahrzunehmen.

Das Mystische Gebet bedarf keiner Anstrengung. Die Sehnsucht Gottes ist es, den Menschen mit seiner liebenden Fürsorge zu beschenken. Er möchte, dass wir die farbige Vielfalt dieser Welt erleben, ohne Schaden zu nehmen, und uns gleichzeitig zu höherer Einheit führen. Durch ein einfaches Geschehenlassen, das immer neu eingeübt werden sollte, überlässt sich der Betende dieser einenden schöpferischen Kraft. Er wird aber nicht von ihr völlig aufgesogen und der Welt enthoben, sondern erhält – seiner Natur entsprechend – kreative Lebensimpulse, die es erneut zu entfalten gilt. Unser Gebet kommt also dem Plan Gottes entgegen, uns seine unmittelbare Nähe spüren und sein Heil erfahren zu lassen. Das Bejahen und verantwortungsvolle Ausleben des aktiven Lebens kommt diesem Plan Gottes entgegen, uns durch Erfahrungen, wie auch immer sie sein mögen, wachsen und reifen zu lassen.

So ist es sein Wille, dass Extreme gelebt werden und in ihnen die ruhende Mitte, Gott selbst, gefunden und bewusst wird:

- Gebet und Arbeit,
- Einheit und Vielheit,
- Leere und Fülle,
- Ruhe und Aktivität,
- Schweigen und Nichtschweigen,
- Annehmen und Abgeben,
- Wissen und Nichtwissen.

Anders ist es nicht möglich, dass der vom Ursprung aller Dinge ausgehende göttliche Lichtstrahl einleuchtet. Anders ist es nicht möglich, dass

- Gott uns in seiner liebenden Zuwendung erreicht,

- wir die Verhüllungen und Symbole als Durchgangs-stadien ein-sehen,
- wir unser Leben, trotz Widerwärtigkeiten, bejahen,
- wir die Wegweisungen wahrnehmen und ihnen fol-gen,
- wir aus dem Farb- und Formenreichtum die einheit-liche Einfachheit Gottes erkennen.

Von dem Wahren nehmen

Gottes Schöpfung weist über diese Welt in die himmlische hinaus – und gibt gleichzeitig ein ge-naues Abbild der himmlischen Welt. Die von Gott ge-schaffene heile Schöpfungsordnung reicht vom imma-teriellen geistig-göttlichen Bereich bis in die für den Menschen sinnlich fassbare Welt hinein. Dem Men-schen ist es zur Aufgabe gemacht, beide Welten, die ir-dische und die himmlische, miteinander zu verbinden und die durch menschliches Fehlverhalten oftmals ge-brochene Schöpfungsordnung wiederherzustellen.

Damit wir uns weder in der einen noch in der anderen Welt verlieren, macht uns die Religion nicht nur mit unserem Auftrag vertraut, sondern hilft uns durch ih-ren praktischen und geistigen Aspekt, ihn auch zu er-füllen. Sie wird aber nur eine wahrhafte und zeitüber-dauernde Religion sein, wenn sie in ihrer Liturgie, ihren Praktiken und Riten, ihrer Nächstenliebe und ihrer Verkündigung die Heilsordnung Gottes widerspiegelt und seine Gegenwart vermittelt.

In der christlichen Religion gehört das Mystische Gebet unweigerlich zu den wesentlichen Gebeten und Meditationen, die die Gläubigen auf ganz einfache Weise – ohne gedankliche Aktivität und bildliche Vorstellungen – zum ureigensten Wesenskern führen und darüber hinaus zu Gott. Unserem menschlichen Denken und Wollen allein ist es ohne eine religiöse Führung, Anleitung und Einübung kaum möglich, höhere Bewusstseinszustände dauerhaft zu erreichen.

Die dem Menschen oft noch verborgene Sehnsucht besteht darin, diesen Weg zu Gott dauerhaft zu beschreiten. Durch das Gebet ist ihm eine wesentliche Hilfe und Unterstützung gegeben. Die Erfahrung des Betenden lehrt ihn, dass alle Ausdrucksformen, äußeren Zeichen und Symbole zwar auf das Gemeinte hinweisen können, dann jedoch im immer tiefer werdenden Mystischen Gebet zurückgelassen und überschritten werden.

> *Der allein die Unsterblichkeit besitzt,*
> *der in unzugänglichem Licht wohnt,*
> *den kein Mensch gesehen hat noch*
> *je zu sehen vermag: Ihm gebührt Ehre.*
> *(1. Timotheusbrief 6,16)*

Ihm Ehre erweisen kann aber nur derjenige, der Gott als seinen Schöpfer erkennt und tief in seinem Herzen sich ihm verdankt. Durch Erkenntnis wie auch durch Schicksalseinbrüche entsteht der unbändige Wunsch, sich einem höheren Wesen, Gott, zuzuwenden, um von ihm lebensspendende Kraft zu erhalten. Das Gebet kommt diesem inneren Wunsch des Menschen entgegen und vermittelt ihm als erstes inmitten vieler Sinnlosigkeiten den verborgenen Sinn des Lebens. Im tiefsten Inneren des Menschen entflammt jetzt eine göttliche Liebe zum Geistigen.

Dieser Aufbruch in eine neue Dimension des Seins muss nicht nur aufgearbeitet und kultiviert werden, sondern bedarf auch der behutsamen Begleitung durch einen liebenden, Gott nahen Menschen. Damit der Betende auf die erste mystische Berührung und die damit verbundenen Erlebnisse vorbereitet ist, sollte eine langsame Einübung in die entsprechende Gebetsweise geschehen. Das Mystische Gebet macht die tiefe Sehnsucht nach Gotteserfahrung bewusst und hilft den Betenden

- in unerschütterlicher Beharrlichkeit das Leben zu bejahen und den Gebetsweg zu gehen,
- die innere Unruhe auf Gott hin zu begreifen und für ein Fortschreiten zu nutzen,
- frei zu werden von bildhaften Vorstellungen über die Sprache und das Denken hinaus.

Physische Veränderungen und seelisch-geistige Erlebnisse, die sich während der Gebetszeit einstellen wie auch später während des Tagesablaufs, müssen ausgesprochen und erklärt werden. Fast alle, die das Gebet der mystischen Versenkung üben, berichten über einen bisher ungeahnten Reichtum, der sich ihnen schenkt:

- Erkennen eines kosmischen wechselseitigen Zusammenhangs zwischen Erde und Himmel.
- Wissen um die Existenz von Engeln, den himmlischen Gedanken.
- Ungetrübte und unerschütterliche Liebe zur gesamten Schöpfung.
- Ständig wachsende Hingabe im Gebet.
- Einblick in allgemein nicht wahrnehmbare Seinsstufen.
- Unbeugsame Sehnsucht nach liebender Gemeinschaft und Harmonie.
- Entschiedenheit und unerschütterliche Haltung in unveränderbaren Schicksalsabläufen.
- Einsicht und höchste Klarheit im Denken.

Es ist eine große Faszination und ein erhebendes Erlebnis, wenn der Mystiker – das sind wir von Natur aus alle – wahrnimmt, dass in seiner eigenen Existenz ein Nachhall der obersten, geistigen Vollkommenheit Gottes schwingt. Dieser Klang Gottes in der Tiefe un-

serer Seele, der durch alle Stufen seiner Schöpfung wi-
derhallt, möchte uns zu ihm zurückrufen.

Niemand ist für sich allein

D er Schöpfer gewährt jedem den Anteil an seinem
eigenen Licht, der ihm zukommt. Die Frage ist
nur, wie weit wir es annehmen, in uns aufnehmen und
eine innere Wandlung und Umgestaltung durch ihn
und auf ihn hin zulassen. Ständig und überall erhalten wir durch Gottes liebendes Entgegenkommen dieses Angebot, wieder zu erkennen, dass wir ihm ähnlich sind und in der Lage, mit ihm eins zu werden.

*Dann sprach Gott: Lasst uns Menschen machen
als unser Abbild, uns ähnlich. (Genesis 1,26)*

Die Anweisungen, die Gott selbst uns einspricht, werden uns durch das Gebet immer mehr bewusst, so
dass sich Gebet und unser aktives Leben vervollkommnen. Die Betenden lassen sich in der Ausrichtung auf Gott so weit wie möglich von ihm prägen. Dadurch wird die Seele frei von Dunkelheit, von allem
gereinigt, was nicht zu ihr gehört. Sie wird zu einem
klaren und leuchtenden Spiegel. Jetzt ist die Seele im
Stande, göttliche Lichtkraft aus der Urquelle des Lichtes in sich aufzunehmen und gleichzeitig vorbehaltlos
an andere abzugeben.

Die Weisheit ist der Widerschein des ewigen
Lichts, der ungetrübte Spiegel von Gottes Kraft,
das Bild seiner Vollkommenheit ...
Von Geschlecht zu Geschlecht tritt sie in
heilige Seelen ein und schafft Freunde
Gottes. (Weisheit 7,26.27b)

Wir alle spiegeln mit enthülltem Angesicht
die Herrlichkeit des Herrn wider und
werden so in sein eigenes Bild verwandelt
von Herrlichkeit zu Herrlichkeit durch
den Geist des Herrn. (2. Korintherbrief 3,8)

Es gilt das Abbild Gottes in unserer Seele zu belichten,
damit wir – unterstützt durch das Mystische Gebet –
von Stufe zu Stufe eingeweiht werden in die Myste-
rien, in die uns jeweils noch verborgenen tieferen Geheimnisse. Gottes Wirken wird an uns offenbar, heilt,
was verwundet ist, und führt uns zu tiefer Erkenntnis.
Wenn wir auf ganz natürliche Weise und im Rahmen
unserer Möglichkeiten dieses Liebesangebot zulassen,
neue Lebenskraft gewinnen und sie für uns und andere einsetzen, werden wir zu verantwortungsvollen
Mitarbeitern am kosmischen Heilsgeschehen.

Denn wir sind Gottes Mitarbeiter ...
Der Gnade Gottes entsprechend, die mir
geschenkt wurde, habe ich wie ein guter
Baumeister den Grund gelegt; ein anderer
baut darauf weiter. (1. Korintherbrief 3,9–10)

- Diejenigen, die auf dem Weg ihrer individuellen religiösen Entwicklung eine Entlastung und größere Freiheit erfahren, helfen wiederum anderen, diesen Weg zu finden und zu gehen.
- Diejenigen, denen tiefere Wahrheiten einleuchten, geben sie auf behutsame und angemessene Weise weiter.
- Diejenigen, die Erfüllung und die Anfänge einer Vervollkommnung erfahren, setzen sich dafür ein, dass auch bei anderen das Begonnene zur Vollendung führt.

Gott selbst ist frei von allem, was er nicht ist, erfüllt von unvergänglichem Licht und vollkommen. Seine ausstrahlende Gnade, die allen Wesen entgegenkommt, wirkt befreiend, erleuchtend und schafft Vollkommenheit. Diese drei Stufen werden die Betenden auf ihrem mystischen Weg durchlaufen. Ihr Bewusstsein muss zunächst von allem Unguten gereinigt sein, damit sie in tiefere Einsichten eingeweiht werden können, um dann auf der weiteren Stufe der Vollendung die wahre Erfüllung ihres Lebens zu finden – das Einssein mit Gott.

Das Gesetz der Teilhabe

In seiner liebenden Vorsehung und Güte hat Gott aber gleichzeitig dafür gesorgt, dass seine Strahlkraft der Liebe trotzdem ungebrochen bis in alle Räume und Herzen der Schöpfung dringen kann. Der Mensch gewordene Gottessohn zeigt diesen Weg auf, der sogar in das äußerste Leiden und Sterben dieser Welt Licht und neue, lebensspendende Hoffnung bringt. In seiner Nachfolge – er ist der Weg, die Wahrheit und das Leben und niemand kommt zum Vater außer durch ihn – stehen alle Menschen und die gesamte Schöpfung, die sich nach Erlösung sehnt.

Je weiter die Menschen in diese Nachfolge eingetreten sind, je näher sie Gott sind, desto mehr werden sie für andere zu einer Heil vermittelnden Kraft, die Vollendung bringt, Licht erzeugt und zur Reinigung führt. Es wird dann zu einer Selbstverständlichkeit, andere teilhaben zu lassen an den überreichen Gaben, die man selbst erhalten hat. Die von Gott zugedachte Gabe – vorausgesetzt, sie wird frei und bejahend angenommen – wird in der Weitergabe dem Empfänger zur Aufgabe.

Es liegt an uns

Vielen Menschen bleibt ein tieferer Einblick in diese Schöpfungszusammenhänge und die damit verbundene Hilfestellung vorerst versagt. Infolge ihres Widerwillens, ihres Egoismus und ihrer Selbstüberschätzung haben sie den natürlichen Strom unterbrochen, der ihnen Erkenntnis und Heiligung vermitteln möchte.

> *Weil du die Erkenntnis Gottes verworfen hast ... (Hosea 4,6)*

> *Sie aber hörten nicht und neigten mir ihr Ohr nicht zu, sondern folgten den Eingebungen und Trieben ihres bösen Herzens. Sie zeigten mir den Rücken und nicht das Gesicht. (Jeremia 7,24)*

Unser Leben soll letztendlich ein Leben sein, das nicht dem Zwang unterworfen ist – weder innerlich noch äußerlich. Im Rahmen unserer individuellen Möglichkeiten haben wir selbst Entscheidungen in voller Willensfreiheit zu treffen. So ist es selbstverständlich, dass die daraus entstehenden Konsequenzen von jedem Einzelnen getragen werden müssen, ohne dass er andere dafür verantwortlich machen kann.

Die Intensität des göttlichen Lichtes ist jedoch unabhängig vom Gebrauch unserer Willensfreiheit. Die

uns von Gott zugedachte Gabe wird uns übervoll und
überhell immer neu vermittelt – unabhängig von unserer Zu- oder Abwendung. Es liegt an uns selbst,
wenn wir uns dem liebenden Entgegenkommen Gottes vollkommen verschließen, unempfänglich werden
für die Gabe seines unaussprechlichen Lichtes und infolge dieses Widerstandes es auch nicht an andere
weiterreichen können. Es liegt auch an uns selbst,
wenn wir die göttliche Mitteilung nur unvollkommen
in uns aufnehmen und widerspiegeln. Damit aber
nicht Ungewissheit und Verwirrung sich in uns entfalten und uns hemmen, sondern wir zunehmend aus
seiner lichtvollen Güte und barmherzigen Liebe leben
können, sind wir eingeladen, den Mystischen Gebetsweg zu gehen.
Unser Bewusstsein und unsere Innerlichkeit sind so
geschaffen, dass wir vorbehaltlos das unendliche
Meer des göttlichen Lichtes in uns aufnehmen können, die Liebe, die bereit ist, sich ausnahmslos an alle
zu verschenken.

Das Liebeswerben Gottes

Wenn wir den Mystischen Gebetsweg gehen
möchten, dürfen wir absolut sicher sein, von
allen himmlischen Gedanken begleitet und unterstützt zu werden. Sie stehen uns in dem reinigenden

Prozess der Spannungslösung zur Seite, vermitteln uns tiefere Einsichten und sind unermüdlich bemüht, das Begonnene in uns zu vollenden.

Wird vom Menschen dieser erste Schritt der Befreiung bejaht und mitvollzogen, dürfen wir uns der zum Heil führenden, lebensunterstützenden Kraft der himmlischen Gedanken absolut gewiss sein. Wenn das liebende Entgegenkommen Gottes, uns individuell entsprechend, durch seine Boten an uns herangetragen wird und wir es annehmen, geschieht etwas Wunderbares mit uns. Damit Leben sich wandeln und entfalten kann, muss zunächst alles entfernt werden, was uns hindert, unser ureigenstes Leben zu leben. Hier beginnt, unterstützt von allen himmlischen Kräften, der Mystische Gebetsweg. Ihn zu gehen kann anfänglich Unsicherheit oder sogar Schmerz verursachen, denn es ist manchmal unumgänglich, sich von Vertrautem und Gewohntem zu lösen. Wenn uns dann jedoch das Erwachen himmlischer Kräfte in unserer Seele bewusst wird, wächst nicht nur eine unbändige Sehnsucht nach geistlichem Leben und tieferer Erkenntnis, sondern auch die Fähigkeit, unser Leben zielgerichteter und verantwortungsvoller zu gestalten.

Schatten und lichterfülltes Licht

D ie vom Schöpfer ausgehende, alles zum Besseren wandelnde Kraft der Liebe wird durch seine Boten auch dorthin getragen, wo auf Grund zunächst fehlender Voraussetzungen kein Platz für sie zu sein scheint.

> *Denn die Weisheit ist beweglicher*
> *als alle Bewegung;*
> *in ihrer Reinheit durchdringt und*
> *erfüllt sie alles. (Weisheit 7,24)*

Aus der uns noch verborgenen Welt schickt Gott als der unbewegte Beweger seine befreiende und froh machende Botschaft auch in unsere irdische Welt. Fein, sensibel und niemals aufdringlich verteilen die vermittelnden Wesen die Gabe, das göttliche Licht, an diejenigen, die sich danach sehnen und entsprechend aufnahmefähig sind. Oft ist der Mensch kaum in der Lage, diese leise Sprache wahrzunehmen oder gar zu verstehen. Zuweilen hindert ihn eine überlaute Welt – aber mehr noch und darüber hinaus seine eigene Unfähigkeit.

- Unbegreifliches, Verletzungen und Schicksalsschläge haben viele von uns auf ungute Weise sprachlos gemacht und uns eine wirkliche Wahrnehmung verschlossen.

- Eine durch Angst verursachte Unfähigkeit, Leben zu leben, hat undurchdringlichen Ballast aufgeschichtet.
- Auswirkungen einer Fehlentscheidung belasten und beschweren die Psyche.
- Eine Chance, sich geistig-seelisch weiterzubilden, wurde nicht angenommen oder verworfen. Oft ist überstarke Verhärtung das Resultat.

Es gibt aber auch Menschen – manchmal begegnet man ihnen zur großen Freude –, von denen eine solche Strahlkraft ausgeht, dass man sich sofort in ihrer Nähe wohl fühlt. Nichts hindert sie, das zu leben, wovon sie überzeugt sind, und das zu sagen, was ihre Intuition ihnen eingibt und sie für richtig halten.

Es ist, als ob das klare helle Sonnenlicht ungehindert durch ihre Seele und jede Zelle ihres Körpers flutet. Sie strahlen und nichts in ihnen vermag diese Kraft aufzuhalten oder zu verschatten. Wenn die Ausstrahlung des Sonnenlichtes – ein Bild für das Verströmen der Liebe Gottes – auf etwas Lichtdurchlässiges trifft, breitet sie sich ungehindert weiter aus und verliert nicht an Leuchtkraft und Wärme.

Zwischen der lichterfüllten Seele eines Menschen und der von Gott ausgehenden Liebe besteht keine große Distanz mehr. Dieser Zustand des Gottesbewusstseins kann in unserer Welt jedoch wieder überschattet werden oder sogar gänzlich schwinden. Daher ist und bleibt das Gehen eines geistigen Weges, auf dem die reinigenden, erleuchtenden und vollendenden Kräfte wirksam werden, eine unbedingte Notwendigkeit. Je verkrusteter und härter die Seele wird, umso weniger kann sie das Licht und die Wärme, die sie durchdringen möchten, in sich aufnehmen und weiterleiten. Stress und Verspannungen im Nervensystem und Blockaden im Bewusstsein des Menschen halten Lebensimpulse auf, die die Seele ins Unendliche entfalten möchten. Um wie viel mehr ist es hier notwendig, einen Weg zu gehen, der von unguten und krankmachenden Bindungen befreit!

Es gibt Verhärtungen, die bereits das Aufnehmen von Licht- und Wärmestrahlen unmöglich machen. Diese Verhärtungen der Seele sind so stark, dass jegliche Einwirkung ausbleibt. Menschen, von denen die göttliche Botschaft ungehört abprallt, sind nicht nur die besondere Sorge des Himmels, sondern sollten auch von uns fürsorglich bedacht werden. Ihnen einen Mystischen Gebetsweg zu empfehlen, wäre verfehlt – ihnen praktisch zur Seite zu stehen und ein Stück ihres Weges mitzugehen, wäre das Sinnvollere.

Jeder Mensch, ganz gleich, welche Entscheidungen er getroffen hat, trifft und treffen wird, erhält immer wieder erneut die Chance, die Heil bringenden und ihn zu Gott zurückführenden mystischen Kräfte wahrzunehmen, um sie im alltäglichen Leben wirksam werden zu lassen. Unser erstrebenswertes Ziel sollte es sein, durch den Mystischen Gebetsweg zu noch größeren Freunden der himmlischen Gedanken zu werden, damit sie uns eine klarere Sicht eröffnen und uns Einsicht in Gottes Heilsplan und die Schöpfungszusammenhänge gewähren.

> *Der Herr entsendet sein Wort ...*
> *Die Wagen Gottes sind zahllos,*
> *tausendmal tausend ...*
> *Gepriesen sei der Herr, Tag für Tag!*
> *(Psalm 68,12.18.20)*

Drei wesentliche Bewegungen

Im Aufnehmen und Abgeben entfaltet sich so der schöpferische Lebensstrom bis in die äußerste Vielfalt, die wiederum die Sehnsucht hat, zur Einfachheit zurückzukehren. Nur durch das Ausführen der individuellen Aufgabe kann die ersehnte Rückkehr erfolgen. Die Rückwendung zum Höheren und das damit verbundene Innewerden des jeweils Wesentlicheren kommt allen denkenden Wesen der Schöpfung zu. Diese Erfahrung der Rückwendung und das damit verbundene Wachstum des Bewusstseins kann nur erfolgen, wenn die eigenen Kräfte in der eigenen Mitte bewahrt bleiben. Aus der rückwendenden Bewegung zum Höheren und Ein-facheren erfolgt eine weitere Bewegung. Unter Wahrung der eigenen Mitte kann jetzt die überfließende Kraft als fürsorglicher und liebender Lebensstrom die uns Anvertrauten erreichen.

Die Bewusstmachung der Existenz Gottes, die Teilhabe an der Ausstrahlung seiner Liebe und die Rückwendung zu ihm kann als eine kreisförmige Bewegung gesehen werden. Aus wahrer Nächstenliebe kann nur der für den anderen Sorge tragen, der einen geistig-geistlichen Weg geht, in seiner eigenen Mitte gefestigt ist und in allem seine eigene Identität wahrt. Diese Bewegung zu einem größeren In-sich-Ruhen kann mit einer Spirale verglichen werden. Die dritte Bewegung ist eine geradlinige. Spontan, von liebender Kraft überfließend, wenden wir uns dem zu, der uns braucht, für den wir Verantwortung mittragen, und der ohne uns hilflos wäre.

Diese Bewegungen in einem umfassenden Zusammenhang zu wiederholen, war notwendig, um das liebende Eingreifen verborgener Kräfte in unserem Leben besser zu verstehen, zu bejahen und anzunehmen. Gerade durch diese weitere Sicht- und Lebensweise können von uns besser Störfaktoren erkannt und ihr schädigender Einfluss verhindert werden.

Um es noch einmal deutlich und in aller Verantwortung zu sagen: Nur, wenn wir diese drei Bewegungen – auf den Schöpfer hin als Ziel, in uns selbst zur Festigung und auf den Nächsten hin aus Liebe – wirklich zulassen und leben, helfen uns nicht nur Zuwendungen und fürsorgliche Kräfte aus dieser Welt, sondern besonders aus jenen Welten, die wir die verborgenen oder jenseitigen nennen.

Auf der Grundlage eines Gebetes, bei dem in uns die reinigenden, erleuchtenden und einigenden Kräfte wirksam werden, sind wir sensibel und gleichzeitig stabil sowie klar denkend genug, um das Einwirken himmlischer Gedanken in unsere Welt zu verstehen, Einfälle zu werten und wertzuschätzen. Wir werden befähigt, Wegweisungen wahrzunehmen, Zeichen, Symbole und Träume heilbringend zu deuten.

Die unendliche Freude

Ich sage euch: Ebenso herrscht auch
bei den Engeln Gottes Freude über einen
einzigen Sünder, der umkehrt. (Lukas 15,10)

Für den Menschen ist die Freude notwendig und lebensunterstützend. Wie der Mensch, so kann sich auch die gesamte Schöpfung – bis hin zu den himmlischen Gedanken – freuen. Wenn auch die Freude der Engel nicht unmittelbar der gefühlsmäßigen menschlichen Freude gleichzusetzen ist, so freuen sie sich mit dem Schöpfer im Sinn der gottartigen Unbeschwertheit vorbehaltlos über jede Bewegung, deren Ziel letztlich Gott selbst ist. Jede Freude ist höheren Ursprungs – eine wunderbare Ruhe und eine lebendige gute Unruhe zugleich. Sie möchte begeistern, sich mitteilen und sich verschenken. Freude ist schließlich der Himmel und das Paradies und die erspürte Gegenwart Gottes. Daher ist es so lebenswichtig, die Quellen der vielleicht verlorenen Freude wiederzufinden.

> *Herzensfreude ist Leben*
> *für den Menschen.*
> *(Jesus Sirach 30,22)*

Literatur

Erstes Buch – Das Ruhegebet

Joannis Cassiani: Collationes XXIV. Libraria Academica Wagneriana. Fr. Pustet 1887.

Johannes Cassianus: Vierundzwanzig Unterredungen mit den Vätern. Übersetzt von Karl Kohlhund. In: Sämtliche Schriften des ehrwürdigen Johannes Cassianus. Bibliothek der Kirchenväter. Kempten 1879.

Johannes Kassian: Das gemeinsame Leben im Kloster. Buch I-IV. Übersetzt von Karl Suso Frank. In: Frühes Mönchtum im Abendland. Band I: Lebensformen. Zürich und München 1975.

Johannes Kassianus: Das Glutgebet. Zwei Unterredungen aus der sketischen Wüste. Übersetzt von Emmanuel von Severus. Düsseldorf 1966.

Johannes Cassianus: Weisheit der Wüste. Auswahl und Übertragung von Alfons Kemmer. Einsiedeln 1948.

Johannes Cassian: Spannkraft der Seele. Einweisung in das christliche Leben I.
Aufstieg der Seele. Einweisung in das christliche Leben II.
Ruhe der Seele. Einweisung in das christliche Leben III.
Ausgewählt, übertragen und eingeleitet von Thomas und Gertrude Sartory. Freiburg 1981, 1982 und 1984.

Johannes Cassian: Gott suchen – sich selbst erkennen. Freiburg 1993.

Zweites Buch – Das Kosmische Gebet

Origenes: Des Kirchenschriftstellers Origenes Schrift: Vom Gebete. Nach dem Urtexte übersetzt von Dr. Jos. Kohlhofer. Ermunterung zum Martyrium. Aus dem Urtexte übersetzt von Dr. Jos. Kohlhofer. Bibliothek der Kirchenväter. Kempten 1874.

Origenes: Vom Gebet und Ermahnung zum Martyrium. Aus dem Griechischen übersetzt von Dr. Paul Koetschau. Bibliothek der Kirchenväter. München 1926.

Origenes: Vier Bücher von den Prinzipien. Herausgegeben, übersetzt, mit kritischen und erläuternden Anmerkungen versehen von Herwig Görgemanns und Heinrich Karpp. Zweisprachige Ausgabe. Texte zur Forschung, Band 24. Darmstadt ³1992.

Origenes: Des Kirchenschriftstellers Origenes acht Bücher Gegen Celsus. Aus dem Griechischen übersetzt von Johann Röhm. Bibliothek der Kirchenväter. Erstes Buch: I–IV, Kempten 1876. Zweites Buch: V–VIII, Kempten 1877.

Origenes: Acht Bücher gegen Celsus. Aus dem Griechischen übersetzt von Dr. Paul Koetschau. Bibliothek der Kirchenväter. I. Teil: Buch I–IV, München 1926. II. Teil: Buch V–VIII, München 1927.

Origenes: Gegen Kelsos. Ausgewählt und bearbeitet von Karl Pichler. Deutsche Übersetzung von Paul Koetschau. Schriften der Kirchenväter. Herausgegeben von Norbert Brox, Band 6. München 1986.

Origenes: Der Kommentar zum Evangelium nach Matthäus. Erster Teil. Bibliothek der griechischen Literatur, Band 18. Stuttgart 1983. Zweiter Teil. Bibliothek der griechischen Literatur, Band 30. Eingeleitet, übersetzt und mit Anmerkungen versehen von Hermann J. Vogt. Stuttgart 1990.

Origenes: Matthäuserklärung. 3. Teil, 2. Hälfte. Fragmente und Indices. Gesamtregister. Berlin 1968.

Origenes: Homilien zum Lukasevangelium. I. Band: Lateinisch-Griechisch-Deutsch. Freiburg 1991. II. Band: Lateinisch-Griechisch-Deutsch. Übersetzt und eingeleitet von Hermann-Josef Sieben SJ. Freiburg 1992.

Origenes: Das Evangelium nach Johannes. Übersetzt und eingeführt von Rolf Gögler. Einsiedeln 1959.

Origenes: Römerbriefkommentar. I. Band: Erstes und zweites Buch. Lateinisch-Deutsch. Freiburg 1990. II. Band: Drittes und viertes Buch. Lateinisch-Deutsch. Übersetzt und eingeleitet von Theresia Heither OSB. Freiburg 1992.

Origenes/Gregor der Große: Das Hohelied. Eingeleitet und aus dem Lateinischen übersetzt von Karl S. Frank. Einsiedeln 1987.

Origenes: Die griechisch erhaltenen Jeremiahomilien. Eingeleitet, aus dem Griechischen übersetzt und erläutert von Erwin Schadel. Bibliothek der griechischen Literatur, Band 10. Stuttgart 1980.

Origenes: Jeremiahomilien. Klageliederkommentar. Erklärung der Samuel- und Königsbücher. Origenes Werke, Band 3. Berlin 1983.

Origenes: Das Gespräch mit Herakleides und dessen Bischofskollegen über Vater, Sohn und Seele. Die Aufforderung zum Martyrium. Eingeleitet, aus dem Griechischen übersetzt und erläutert von Edgar Früchtel. Bibliothek der griechischen Literatur, Band 5. Stuttgart 1974.

Origenes: Geist und Feuer. Ein Aufbau aus seinen Schriften. Übersetzung und Einleitung von Hans Urs von Balthasar. Freiburg [3]1991.

Drittes Buch – Das Mystische Gebet

Dionysius Areopagita: Die angeblichen Schriften des Areopagiten Dionysius. Übersetzt und mit Abhandlungen begleitet von Johann Georg Veit Engelhardt. 2 Bände. Sulzbach 1823.

Dionysius Areopagita: Des heiligen Vaters Dionysius Areopagita angebliche Schrift über die kirchliche Hierarchie. Aus dem Urtexte übersetzt von Remigius Storf. Bibliothek der Kirchenväter. Kempten 1877.

Dionysius Areopagita: Des Heiligen Dionysius Areopagita angebliche Schriften über die beiden Hierarchien. Aus dem Griechischen übersetzt von Josef Stiglmayr, S.J. Bibliothek der Kirchenväter. Kempten und München 1911.

Dionysius Areopagita: Des Heiligen Dionysius Areopagita angebliche Schriften über „Göttliche Namen". Aus dem Griechischen übersetzt von Professor Josef Stiglmayr, S.J. Bibliothek der Kirchenväter. München 1933.

Dionysius Areopagita: Des Heiligen Dionysius Areopagita angeblicher Brief an den Mönch Demophilus. Aus dem Griechischen übersetzt von Professor Josef Stiglmayr, S.J. Bibliothek der Kirchenväter. München 1933.

Dionysius Areopagita: Die Hierarchien der Engel und der Kirche. Mystische Theologie und andere Schriften. Weisheitsbücher der Menschheit. Herausgegeben von Walther Tritsch. 2 Bände. München -Planegg 1955/56.

Dionysius Areopagita: Opera. Kommentare von Hugo von St. Victor, Thomas Gallus, Robert Grosseteste, Albertus Magnus, Thomas von Aquin, Ambrosius Traversari, Marsilius Ficinus. Frankfurt 1970 (Nachdruck der Ausgabe Strassburg 1502).

Dionysius Areopagita: Ich schaute Gott im Schweigen. Freiburg 1985.

Pseudo-Dionysius Areopagita: Über die himmlische Hierarchie – Über die kirchliche Hierarchie. Bibliothek der griechischen Literatur. Band 22. Eingeleitet, übersetzt und mit Anmerkungen versehen von Günter Heil. Stuttgart 1986.

Pseudo-Dionysius Areopagita: Die Namen Gottes. Bibliothek der griechischen Literatur. Band 26. Eingeleitet, übersetzt und mit Anmerkungen versehen von Beate Regina Suchla. Stuttgart 1988.

Dionysius Areopagita: Von den Namen zum Unnennbaren. Auswahl und Einleitung von Endre von Ivánka. Einsiedeln[3] 1990.

Pseudo-Dionysius Areopagita: De Divinis Nominibus. Patristische Texte und Studien. Band 33. Herausgegeben von Beate Regina Suchla. Berlin 1990.

Pseudo-Dionysius Areopagita: De Coelesti Hierarchia. De Ecclesiastica Hierarchia. De Mystica Theologia. Epistulae. Patristische Texte und Studien. Band 36. Herausgegeben von Günter Heil und Adolf Martin Ritter. Berlin 1991.

Pseudo-Dionysius Areopagita: Über die Mystische Theologie. Briefe. Eingeleitet, übersetzt und mit Anmerkungen versehen von Adolf Martin Ritter. Stuttgart 1994.

Innere Erneuerung
aus mystischer Tradition

Peter Dyckhoff
Finde den Weg
Geistliche Wegweisung
nach Miguel de Molinos

360 Seiten, gebunden
mit Lesebändchen
ISBN 3-7698-1190-9

„Finde den Weg" ist ein Buch aus der Schatzkammer der christlichen Mystik. Der spanische Mystiker Miguel de Molinos (1628 – 1696) schrieb diese „geistliche Wegweisung", um den vielen Menschen, die ihn um Rat fragten, konkrete und leicht nachvollziehbare Lebens- und Glaubensunterstützung geben zu können.

Peter Dyckhoff gelingt es, christliches Gedankengut für die heutige Zeit einsehbar und nutzbar zu machen. „Finde den Weg" wird allen Begleiter sein, die auf einfache und anstrengungslose Weise christliche Erfahrung und ein reicheres inneres Leben suchen oder die auf ihrem geistlichen Weg Mut, Bestätigung oder Korrektur benötigen.

„Ein engagierter Verfechter einer modernen und qualitativen Mystik"

(Norbert Copray)

Peter Dyckhoff
Aus der Quelle schöpfen
*Das innerliche Gebet
nach Teresa von Avila*

224 Seiten, gebunden
mit Lesebändchen
ISBN 3-7698-1265-4

„Aus der Quelle schöpfen" ist eine Hinführung zum innerlichen Gebet nach Teresa von Avila (1515–1582). Viele Menschen, die dieses Gebet üben, berichten, dass sie sowohl für ihr inneres als auch für ihr äußeres, tagtägliches Leben neue Energien schöpfen konnten und sich ihr Leben zum Besseren verändert hat. *Peter Dyckhoff* erschließt aus Teresas Werken einen unmittelbaren Zugang zum innerlichen Gebet. Meisterhaft vermittelt er Einsichten und Schritte, die auch für Ungeübte gut nachvollziehbar sind. Das innerliche Gebet führt zu vertiefter Glaubenserfahrung und zur Ausgewogenheit von Körper, Geist und Seele.